Gemüse & Gemüse

Delphine de Montalier/Fotos Charlotte Lascève

Gemüse & Gemüse

120 saisonale Rezepte

CHRISTIAN VERLAG

Inhalt

Gemüsesäfte

Rote-Bete-Möhren-Saft mit Rosmarin

Für 1 Glas
Zubereitung: 5 Minuten
Für das Gedächtnis und die Blutzirkulation

1 Rote Bete, gewaschen
1 große Möhre, gewaschen
Einige Zweige Rosmarin, gewaschen

Rote Bete und Möhre in Stücke schneiden. Alle Zutaten in den Entsafter geben und den Saft sofort trinken.

Gurken-Möhren-Saft mit Apfel

Für 1 Glas
Zubereitung: 5 Minuten
Innere Reinigung

1 Apfel, gewaschen
1 Minigurke, gewaschen
1 Möhre, geschält

Apfelstiel und -gehäuse entfernen. Apfel, Gurke und Möhre in Stücke schneiden, in den Entsafter geben und sofort trinken.

Möhren-Orangen-Saft mit Ingwer und Salbei

Für 1 Glas
Zubereitung: 5 Minuten
Hilft bei Grippe

1 Orange
2 Möhren, gewaschen
1 cm frischer Ingwer, geschält
3 Salbeiblätter, gewaschen

Die Orange schälen und entkernen. Orange, Möhren und Ingwer klein geschnitten in den Entsafter geben. Den Saft mit fein geschnittenem Salbei bestreut sofort trinken.

Gurken-Orangen-Saft mit Petersilie

Für 1 Glas
Zubereitung: 5 Minuten
Für die Sportlichen

1 Orange
1 Minigurke, gewaschen
60 g Petersilie (Stiele und Blätter), gewaschen

Die Orange schälen und entkernen. Alle Zutaten in Stücke schneiden, in den Entsafter geben und sofort trinken.

Radieschen-Möhren-Saft mit Petersilie

Für 1 Glas
Zubereitung: 5 Minuten
Harntreibend

2 große Möhren, gewaschen
5 Radieschen, gewaschen
30 g Petersilie (Stiele und Blätter), gewaschen

Die Möhren in Stücke schneiden, mit den anderen Zutaten in den Entsafter geben und sofort trinken.

Tomaten-Gurken-Saft mit Basilikum

Für 2 Gläser
Zubereitung: 5 Minuten
Entspannend

3 reife Tomaten, gewaschen
1 Minigurke, gewaschen
10 Basilikumblätter, gewaschen
Pfeffer

Alle Zutaten in Stücke schneiden und in den Entsafter geben. Den Saft mit mehreren Umdrehungen Pfeffer aus der Mühle würzen und sofort trinken.

Fenchel-Birnen-Saft mit Minze

Für 1 Glas
Zubereitung: 5 Minuten
Innere Reinigung

2 Birnen, gewaschen
½ Fenchel, gewaschen
5 Minzeblätter, gewaschen

Birnenstiele und -gehäuse entfernen. Die Birnen und den Fenchel in Stücke schneiden. In den Entsafter geben und mit fein geschnittener Minze bestreut sofort trinken.

Möhren-Apfel-Saft mit Zitrone

Für 1 Glas
Zubereitung: 5 Minuten

1 kleiner Apfel, gewaschen
3 Möhren, geschält
Einige Tropfen Zitronensaft

Apfelstiel und -kerne entfernen. Den Apfel und die Möhren in Stücke schneiden. In den Entsafter geben, einige Tropfen Zitronensaft hinzufügen und sofort trinken.

Sellerie-Möhren-Saft mit Rucola

Für 1 Glas
Zubereitung: 5 Minuten
Innere Reinigung

2 Möhren, gewaschen
1 Stange Sellerie, gewaschen
45 g Rucola, gewaschen

Alle Zutaten in den Entsafter geben und sofort trinken.

Tomaten-Birnen-Saft mit Zitrone

Für 1 Glas
Zubereitung: 5 Minuten

1 Birne, gewaschen
1 Zitrone
4 kleine Tomaten, gewaschen

Birnenstiel und -gehäuse entfernen. Die Zitrone schälen und entkernen. Die Früchte in Stücke schneiden, mit den Tomaten in den Entsafter geben und sofort trinken.

Möhren-Trauben-Saft mit Zitrone

Für 4 Gläser
Zubereitung: 5 Minuten

2 Handvoll blaue Weintrauben, gewaschen
½ Zitrone
4 Möhren, gewaschen

Die Weintrauben entkernen, die halbe Zitrone schälen und entkernen, die Möhren in Stücke schneiden. Alle Zutaten in den Entsafter geben und sofort trinken.

Gurkensaft

Für 3 Gläser
Zubereitung: 5 Minuten

1 Gurke, gewaschen

Die Gurke in Stücke schneiden und in den Entsafter geben. Sofort trinken.

Spinat-Möhren-Saft mit Orange

Für 1 Glas
Zubereitung: 5 Minuten
Eisenmangel

1 Orange
2 Möhren, gewaschen
60 g frischer Spinat, gewaschen

Die Orange schälen und entkernen. Das Fruchtfleisch und die anderen Zutaten in Stücke schneiden, in den Entsafter geben und sofort trinken.

Tomaten-Kohl-Saft mit Kerbel und Petersilie

Für 1 Glas
Zubereitung: 5 Minuten
Für die Sportlichen

1 Tomate, gewaschen
125 g Grünkohl, gewaschen
2 Stängel Kerbel (Stiele und Blätter), gewaschen
30 g Petersilie (Stiele und Blätter), gewaschen

Tomate und Kohl in Stücke schneiden, mit den Kräutern in den Entsafter geben und sofort trinken.

Möhren-Orangen-Saft mit Ingwer

Für 1 Glas
Zubereitung: 5 Minuten
Für die Sportlichen

1 Orange
2 Möhren, gewaschen
1 cm frischer Ingwer, geschält

Die Orange schälen und entkernen. Das Fruchtfleisch und die anderen Zutaten in Stücke schneiden, in den Entsafter geben und sofort trinken.

Rettichsaft

Für 1 Schluck
Zubereitung: 5 Minuten
Diät

1/4 schwarzer Rettich, gewaschen

Den Rettich in den Entsafter geben und sofort trinken.
Der Saft ist sehr pikant und ausgesprochen bekömmlich; diese kleine Menge jeden Morgen reicht.

Suppen & Pürees

Selleriepüree

Für 6 Personen
Zubereitung: 20 Minuten
Garzeit: 30 Minuten
Knollensellerie, Herbst

2 Knollen Sellerie (ungefähr 1 kg)
300 g Kartoffeln, mehligkochend
Saft von 1 Zitrone
100 ml Milch
50 g weiche Butter
Fleur de Sel, Pfeffer

In einem großen Topf Salzwasser zum Kochen bringen. Das Gemüse schälen und würfeln. Ins kochende Wasser geben, Zitronensaft hinzufügen und 30 Minuten garen. Abgießen und durch die Flotte Lotte drehen oder durch ein Passiersieb streichen (auf keinen Fall im Mixer pürieren). Das Püree in einen Topf geben und bei schwacher Hitze unter ständigem Rühren erst die Milch, dann die Butter unterziehen. Salzen, pfeffern und servieren.

Dieses Püree serviere ich gerne zu Wild oder einem guten Brathähnchen am Weihnachtsabend ...

Kürbispüree

Für 6 Personen
Zubereitung: 20 Minuten
Garzeit: 15 Minuten
Hokkaidokürbis, Herbst

2,5 kg Hokkaidokürbis
100 g Sahne
100 ml Milch
Fleur de Sel, Pfeffer

Den Kürbis waschen und trocknen (nicht schälen). In Stücke schneiden, von den Kernen und dem fasrigen Inneren befreien und 15 Minuten dämpfen. In einem Topf Sahne und Milch bei schwacher Hitze erwärmen. Die Kürbisstücke durch die Kartoffelpresse drücken und die warme Sahne-Milch unterziehen. Salzen und pfeffern.

Dieses Püree kann im Voraus zubereitet und im letzten Augenblick wieder behutsam aufgewärmt werden. Geben Sie den Saft einer Orange und ein paar Orangenzesten ins Püree. Das schmeckt ausgezeichnet.

Süßkartoffelpüree mit Kokosmilch

Für 4 Personen
Zubereitung: 25 Minuten
Garzeit: 30 Minuten
Süßkartoffeln, Winter

600 g Süßkartoffeln (Bataten)
Salz, Pfeffer
200 ml Kokosmilch
1–2 EL fein geschnittenes Koriandergrün

Die Süßkartoffeln 30 Minuten in kochendem Salzwasser garen. Abgießen, leicht abkühlen lassen und schälen. Über einem großen Topf durch die Flotte Lotte drehen oder durch ein Passiersieb streichen. Das Püree auf dem Herd bei schwacher Hitze erwärmen und mit Salz und Pfeffer würzen. Unter ständigem Rühren nach und nach die Kokosmilch dazugeben. Mit Koriander bestreuen und sofort servieren.

Das Püree nur bei niedriger Hitze aufwärmen und den Koriander erst im letzten Augenblick darüberstreuen. Wählen Sie Süßkartoffeln mit orangefarbener Schale; sie schmecken besser.

Meine zwei Kartoffelpürees

Für 8 Personen
Zubereitung: 30 Minuten
Garzeit: 15 Minuten
Kartoffeln, Winter

1 kg Kartoffeln, mehligkochend

Für das Püree mit Olivenöl
100 ml Olivenöl
Fleur de Sel, Pfeffer

Für das Püree mit gesalzener Butter und Zitrone
150 g weiche gesalzene Butter
Saft von 1 Zitrone
1/3 Bund glatte Petersilie
Pfeffer

Die Kartoffeln schälen, waschen und in Salzwasser 15 Minuten kochen. Mit der Messerspitze prüfen, ob sie gar sind, und in eine große Schüssel geben. Mit der Gabel zerdrücken und entweder nach und nach Olivenöl, Salz und Pfeffer unterrühren oder aber die weiche gesalzene Butter, Zitronensaft und Petersilie (gewaschen, getrocknet und fein geschnitten) sowie eine Prise Pfeffer unterziehen.

Ich empfehle das Püree mit Butter und Zitrone zu Fisch. Pürieren Sie die Kartoffeln nicht im Mixer. Mit der Gabel bleibt die Struktur der Kartoffeln erhalten (im Mixer werden sie klebrig). Wählen Sie Produkte von guter Qualität.

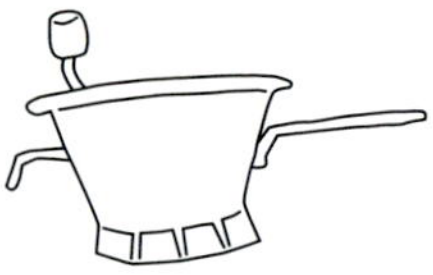

Kürbissuppe

Für 6 Personen
Zubereitung: 15 Minuten
Garzeit: 25 Minuten
Kürbis, Herbst

1 dicker Muskatkürbis (mindestens 1,8 kg)
1 Bouquet garni (Petersilie, Thymian, Lorbeer)
Fleur de Sel, Pfeffer
Olivenöl

Man braucht starke Arme, um den Kürbis erst zu halbieren und dann in große Würfel zu schneiden. Kerne und Schale entfernen und das Fruchtfleisch in einen großen Topf geben. Mit Wasser bedecken, das Bouquet garni dazugeben, leicht salzen und ungefähr 25 Minuten kochen. Abgießen und das Kochwasser auffangen. Den Kürbis mit etwas Kochwasser pürieren. Dann nach und nach mehr Kochwasser dazugeben, bis die gewünschte Konsistenz erreicht ist – von einem dicken Dip bis zur flüssigeren Suppe ist alles möglich. Salzen und pfeffern, mit Olivenöl beträufeln und sofort servieren.

Den pürierten Kürbis zum Aufwärmen sehr behutsam erhitzen. Der Geschmack von Muskatkürbis erinnert an Esskastanien; es wäre schade, dieses Aroma durch andere Zutaten zu überdecken. Er schmeckt hervorragend so, wie er ist!

Zucchinicremesuppe mit Frischkäse

Für 4 Personen
Zubereitung: 5 Minuten
Garzeit: 15 Minuten
Zucchini, Sommer

4 große Zucchini
1 Becher Frischkäse (vorzugsweise Saint-Morêt)
Salz, Pfeffer

Die Zucchini waschen, von Blüten- und Stielansatz befreien und in Stücke schneiden. 15 Minuten im Dampf garen; sie sollten dann sehr weich sein. Mit dem Frischkäse und evtl. etwas Wasser pürieren und mit etwas Salz und viel Pfeffer würzen. Sofort essen oder vor dem Servieren bei ganz schwacher Hitze aufwärmen.

Sie können die Suppe an einem warmen Sommerabend auch kalt servieren.

Pilzcremesuppe

Für 6 Personen
Zubereitung: 15 Minuten
Garzeit: 25 Minuten
Pilze, Herbst

1 kg Pilze der Saison (Seitling, Pfifferling, Herbsttrompete ...)
50 g Butter
3 kleine Schalotten, gehackt
1 Bouquet garni (Petersilie, Thymian, Lorbeer)
300 g Sahne
1 EL Weinessig
Grobes Salz, Pfeffer

Die Pilze vorbereiten: die erdigen Stielenden abschneiden und die Pilze abbürsten oder mit einem feuchten Tuch abwischen. Die Butter in einem großen Topf bei schwacher Hitze zerlassen und die Schalotten darin anbraten. Nach 3 Minuten Pilze und Bouquet garni dazugeben und alles zugedeckt 10 Minuten garen. Mit einem Liter kochendem Wasser aufgießen, salzen und 10 Minuten köcheln. Thymian und Lorbeer herausfischen, die Sahne, den Essig und etwas Pfeffer dazugeben. Die Suppe pürieren, abschmecken und sofort servieren.

Sie können die Suppe bei schwacher Hitze aufwärmen.

Blumenkohl-Sellerie-Cremesuppe

Für 6 Personen
Zubereitung: 10 Minuten
Garzeit: 25 Minuten
Blumenkohl, Winter

1 schöner Blumenkohl
1 Stange Sellerie, etwa 10 cm lang
500 g Sahne
Pfeffer, Fleur de Sel
50 g Heringskaviar (nach Belieben)

Den Kohl von den Blättern befreien, in Röschen zerteilen und säubern. Den Sellerie in kleine Stücke schneiden. Kohl und Sellerie in einen Topf geben und die mit einem halben Liter Wasser verrührte Sahne darübergießen; salzen. Das Gemüse etwa 25 Minuten kochen, bis es sehr weich ist.
Die Suppe pürieren, pfeffern und abschmecken. In Suppenteller schöpfen, auf jede Portion nach Belieben einen Teelöffel Heringskaviar geben und sofort genießen.

Heringskaviar gibt es beim Fischhändler. Mögen Sie ihn nicht, lassen Sie ihn einfach weg. Die Suppe schmeckt auch pur sehr gut.

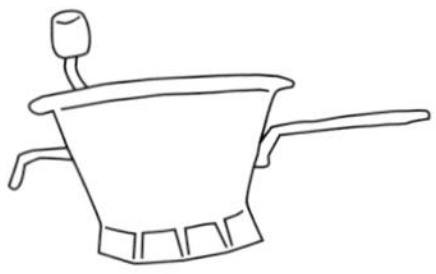

Kalte Gurkensuppe mit Joghurt und Minze

Für 4 Personen
Zubereitung: 30 Minuten
Kühlzeit: 3 Stunden
Gurken, Sommer

2 Gurken
Grobes Salz für die Gurken
4 Becher Naturjoghurt (je 150 g)
4 EL Olivenöl
Salz, Pfeffer
1 EL fein geschnittene Minze
(nach Belieben)

Ein vier Zentimeter langes Stück Gurke (mit Schale) beiseitelegen. Die restlichen Gurken schälen, halbieren, von den Samen befreien und in kleine Stücke schneiden. Die Gurkenstücke mit dem groben Salz bestreuen und Wasser ziehen lassen, dann in einem Sieb abtropfen lassen. Im Mixer pürieren und erst die Joghurts, danach das Olivenöl untermischen. Die Suppe muss glatt sein; ist sie nicht flüssig genug, kann sie mit etwas Gemüsebrühe verdünnt werden. Salzen, pfeffern und mindestens 3 Stunden in den Kühlschrank stellen. Das beiseitegelegte Gurkenstück in feine Scheiben schneiden und kalt stellen. Die Suppe vor dem Servieren abschmecken. Im letzten Augenblick mit den Gurkenscheiben und der fein geschnittenen frischen Minze garnieren. Die Suppe ganz kalt servieren, wenn nötig, einen Eiswürfel dazugeben.

Ich mag die Suppe auch ohne Minze, denn dann kommt der Gurkengeschmack richtig zur Geltung.

Kalte Gurkensuppe mit Joghurt und Minze

Gazpacho mit Guacamole und Parmesan

Eiskalte Paprikacremesuppe

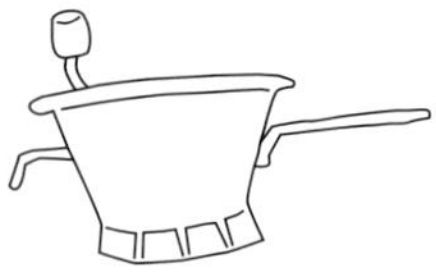

Gazpacho mit Guacamole und Parmesan

Für 6 Personen
Zubereitung: 30 Minuten
Kühlzeit: 2 Stunden
Tomaten, Sommer

8 Tomaten
2 Gurken
1 grüne Paprikaschote
1 rote Paprikaschote
2 Zwiebeln, fein gewürfelt
2 Knoblauchzehen, fein gewürfelt
3 EL Weinessig
5 EL Olivenöl
Salz, Pfeffer
1 schöne reife Avocado
Saft von ½ Limette
1 EL Sahne
1 Stück Parmesan (etwa 50 g)
2 EL fein geschnittenes Koriandergrün

Tomaten, Gurken und Paprika in Stücke schneiden (alle zuvor von den Samen befreien). Mit den Zwiebeln, dem Knoblauch, Essig und Olivenöl zu einer glatten Suppe pürieren. Salzen und pfeffern.
Die Suppe durch die Flotte Lotte drehen oder durch ein feines Sieb passieren und kalt stellen.
Das Fruchtfleisch der Avocado mit dem Limettensaft und der Sahne pürieren.
Bis zum Servieren kalt stellen. (Den Avocadokern in die Guacamole legen, damit sie nicht dunkel anläuft.)
Den gut gekühlten Gazpacho in Suppenteller schöpfen, einen Löffel Guacamole auf jede Portion geben und Parmesan darüberhobeln. Mit einigen Umdrehungen Pfeffer aus der Mühle würzen, mit Koriander bestreuen und servieren.

Ich trage Gazpacho oft als eine Art Kombination aus Aperitif und Vorspeise in hübschen Gläsern auf.

Eiskalte Paprikacremesuppe

Für 6 Personen
Zubereitung: 30 Minuten
Garzeit: 20 Minuten
Kühlzeit: 1 Stunde
Paprikaschoten, Sommer

6 Paprikaschoten (rote, gelbe oder orangefarbene, auf keinen Fall grüne)
500 ml kalte Hühnerbrühe
2 Knoblauchzehen
250 g Sahne
Salz, Pfeffer, Olivenöl
Kleine Basilikumblätter

Die Paprikaschoten im Backofen grillen, dabei mehrmals wenden. Ist die Haut schwarz, die Schoten zum Abkühlen in einen Gefrierbeutel geben; dann enthäuten und von den Samen befreien. Das Fruchtfleisch mit der Hühnerbrühe, dem Knoblauch und der Sahne zu einer glatten Masse pürieren. Wenn nötig, etwas Wasser dazugeben. Die Suppe durch ein sehr feines Sieb passieren und mindestens 1 Stunde in den Kühlschrank stellen. Vor dem Servieren mit Salz und Pfeffer abschmecken. In Schalen schöpfen, ein oder zwei Eiswürfel dazugeben, etwas Olivenöl darüberträufeln und Basilikum darüberstreuen.

Scharfe, kalte Avocadosuppe

Für 4 Personen
Zubereitung: 45 Minuten
Avocado, Winter

1 Knoblauchzehe, gehackt
½ TL feines Salz
1 kleines Stück frische rote Chilischote
2 sehr reife Avocados
Saft von 2 Limetten
150 g Sahne
Einige Korianderblätter

Knoblauchzehe und Salz in einem Mörser zu einer feinen Paste zerstoßen. Den Chili (ohne Samen) dazugeben und zerstoßen. Das Avocadofruchtfleisch mit der Chilipaste und dem Limettensaft pürieren. Nach und nach einen halben Liter Wasser und die Sahne dazugeben. Vor dem Servieren kalt stellen.

Die Korianderblätter direkt vor dem Servieren darüberstreuen. Nehmen Sie mehr oder weniger Chili – ganz nach Ihrem Geschmack.

Scharfe, kalte Avocadosuppe

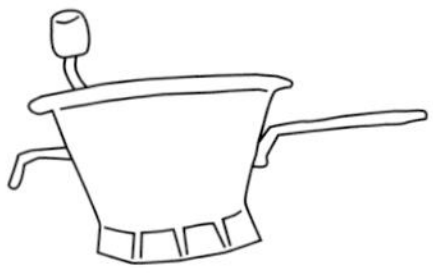

Zwiebelsuppe

Für 6 Personen
Zubereitung: 10 Minuten
Garzeit: 50 Minuten
Zwiebeln, Herbst

150 g Butter
1 kg Zwiebeln, in Streifen geschnitten
2 Knoblauchzehen, gehackt
200 ml trockener Weißwein
2 l heiße Brühe (Huhn oder Rind)
6 große Scheiben altbackenes Landbrot
Salz, Pfeffer
200 g Comté (gerieben)

Die Butter in einem Schmortopf zerlassen. Die Zwiebeln und den Knoblauch unter häufigem Rühren darin anbraten. Sind sie goldbraun, die Hitze reduzieren und alles weitere 30 Minuten bei schwacher Hitze schmoren. Den Weißwein angießen, umrühren und 15 Minuten köcheln lassen, bis er fast verdampft ist. Die heiße Brühe dazugeben und die Suppe 5 Minuten kochen. Währenddessen die Brotscheiben auf beiden Seiten rösten. Die Suppe mit Salz und Pfeffer abschmecken. Den Backofengrill vorheizen. Die Suppe in Schalen schöpfen, die Brotscheiben darauflegen, mit dem geriebenen Käse bestreuen und einige Minuten im Backofen gratinieren. Sofort genießen.

Ein wirklich guter Borschtsch

Für 8 Personen
Zubereitung: 20 Minuten
Garzeit: 4 Stunden
Rote Bete, Herbst

4 Möhren
1 kg Rote Bete
4 Stangen Lauch
1 große Zwiebel
1 Grünkohl, die inneren, zarten Blätter
2 EL Zucker
2 EL Weinessig
1,5 kg Schulterstück vom Rind, gewürfelt
500 g Räucherspeck, in Streifen geschnitten
1 Bouquet garni (Thymian, Lorbeer, Petersilie)
Salz, Pfeffer
150 g Crème fraîche
½ Bund Dill, fein geschnitten

Das Gemüse vorbereiten: Möhren und rohe Rote Bete schälen und in sehr feine Stifte schneiden (oder sehr grob raspeln). Den Lauch vom dunklen Grün und den Wurzeln befreien, in Stücke schneiden und in reichlich Wasser waschen. Die Zwiebel schälen und klein schneiden.
Den Kohl klein schneiden. Die zerkleinerte Rote Bete 1 Stunde in der Zucker-Essig-Mischung marinieren. Währenddessen Fleisch und Speck in einen großen Schmortopf geben, mit drei Litern Wasser aufgießen und zum Kochen bringen. Den Schaum wiederholt abschöpfen. Möhren, Lauch, Grünkohl, Zwiebel und Bouquet garni dazugeben und bei sehr schwacher Hitze 4 Stunden köcheln lassen. Nach etwa 1 Stunde die gut marinierte Rote Bete dazugeben. Nach der Hälfte der Kochzeit salzen und pfeffern. Heiß, mit einem Klecks Crème fraîche und mit frischem Dill bestreut, servieren.

Kressesuppe

Für 6 Personen
Zubereitung: 20 Minuten
Garzeit: 45 Minuten
Kresse, Frühling

3 Kartoffeln
1 Zwiebel
1 Schälchen Kresse
40 g Butter
1 Lorbeerblatt
600 ml Hühnerbrühe
100 g Sahne
Muskatnuss
Salz, Pfeffer

Kartoffeln und Zwiebel schälen und in Stücke schneiden. Die Kresse gründlich waschen und grob hacken. Die Butter in einem Schmortopf zerlassen und die Kartoffeln und Zwiebel darin bei starker Hitze 10 Minuten goldbraun anbraten; von Zeit zu Zeit umrühren. Kresse und Lorbeerblatt dazugeben und die Hühnerbrühe angießen; sie sollte sämtliches Gemüse bedecken. Zum Kochen bringen, die Hitze reduzieren und die Suppe zugedeckt 25 Minuten köcheln lassen. Das Lorbeerblatt entfernen und die Suppe durch die Flotte Lotte drehen oder durch ein Passiersieb streichen; zurück in den Topf geben, die Sahne hineingießen und bei schwacher Hitze erwärmen, aber nicht aufkochen. Etwas Muskatnuss darüberreiben, leicht pfeffern und abschmecken.

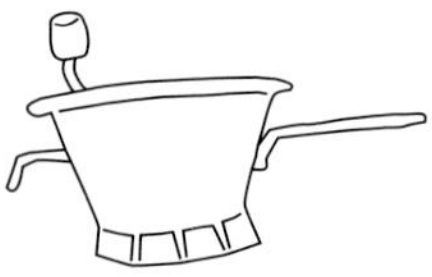

Tans thailändische Gemüsesuppe

Für 4–6 Personen
Zubereitung: 35 Minuten
Garzeit: 1 Stunde
Grüne Bohnen, Sommer

750 g kleine thailändische Auberginen
250 g Champignons
250 g grüne Bohnen
500 g Hähnchenbrustfilet
Sesamöl
1 cm frischer Ingwer, in feine Scheiben geschnitten
1 Knoblauchzehe, zerdrückt
200 ml Kokosmilch
1 Würfel Instant-Hühnerbrühe
1 EL rote thailändische Currypaste
3–4 Limettenblätter
1 Handvoll thailändisches Basilikum, fein geschnitten
2 EL fein geschnittenes Zitronenkraut
Saft von 1 Limette
25 g Satépulver
250 g Kirschtomaten
250 g Soja- oder Mungobohnensprossen
1 Bund Koriandergrün, fein geschnitten

Alle Gemüse waschen und vorbereiten:
die Auberginen halbieren, die Champignons und grünen Bohnen in Stücke, das Fleisch in Würfel schneiden. Zwei Esslöffel Sesamöl in einem Wok erhitzen und Ingwer und Knoblauch darin 2 Minuten anschwitzen. Das Fleisch dazugeben, 5 Minuten rundherum gut anbraten, wieder herausnehmen und warm stellen. Stattdessen die Auberginen in den Wok geben und, wenn nötig, etwas Öl nachgießen. Sobald sie schön goldbraun sind, einen Liter Wasser und die Kokosmilch angießen, dann den Brühwürfel und die Currypaste hineingeben. Alles gut verrühren und zum Kochen bringen. Anschließend Hühnerfleisch, Pilze, grüne Bohnen, Limettenblätter, Basilikum, Zitronenkraut, Limettensaft und Satépulver dazugeben. Die Hitze reduzieren und die Suppe 30 Minuten köcheln lassen. Vor dem Servieren die Tomaten und die Sprossen hineingeben und 5 Minuten köcheln lassen. Dann den fein geschnittenen Koriander darüberstreuen.

Mein Freund Tan serviert zu dieser mit Koriander bestreuten Suppe Basmatireis. Dazu trinkt er ein chinesisches, japanisches oder thailändisches Bier ...
Die thailändischen Zutaten gibt es im Supermarkt oder in einem asiatischen Lebensmittelladen. Auch wenn eine Zutat fehlt, schmeckt die Suppe noch sehr gut.

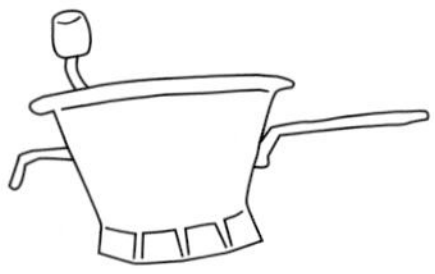

Minestrone

Für 4 Personen
Zubereitung: 30 Minuten
Garzeit: 40 Minuten
Grüne Erbsen und Dicke Bohnen, Frühling

150 g Gerste, Linsen und Quinoa, gemischt
1 Zweig Rosmarin
2 Knoblauchzehen, geschält
1 Bund Basilikum, fein geschnitten
1 Möhre
1 feste Zucchini
1/2 Fenchel
1 Stange Lauch
1 Zwiebel
1/2 TL edelsüßes Paprikapulver
1 Würfel Instant-Hühner- oder -Rinderbrühe
1 EL Tomatenmark
150 g grüne Erbsen, enthülst
Salz, Pfeffer
150 g Dicke Bohnen, enthülst und gehäutet
Olivenöl
1 kleines Stück Parmesan (etwa 25 g)

Gerste, Linsen und Quinoa unter kaltem Wasser waschen und mit einem Liter kaltem Wasser in einen Schmortopf geben. Rosmarin, Knoblauch und die Hälfte des Basilikums dazugeben. Zudecken, zum Kochen bringen und 15 Minuten bei schwacher Hitze kochen. Das Gemüse vorbereiten: die Möhre schälen und in kleine Stücke, Zucchini und Fenchel in Würfel schneiden, den Lauch vom dunklen Grün und der Wurzel befreien, waschen und in feine Ringe schneiden, die Zwiebel schälen und vierteln. Paprikapulver, Brühwürfel, Tomatenmark, Möhre, Fenchel, Lauch, grüne Erbsen und Zwiebel in den Schmortopf geben. Salzen, pfeffern und 15 Minuten zugedeckt bei schwacher Hitze kochen. Schließlich Zucchini und Dicke Bohnen hineingeben und die Suppe noch 10 Minuten kochen. Mit etwas Olivenöl beträufelt und mit dem restlichen Basilikum und Parmesanspänen bestreut sofort servieren.

Eine Minestrone sollte „flüssig", nicht klebrig serviert werden, das heißt, sie sollte dickflüssig, aber nicht dick sein. Wenn nötig, während des Kochens etwas Wasser nachgießen, damit im Topf immer genug Flüssigkeit ist.

Minestrone

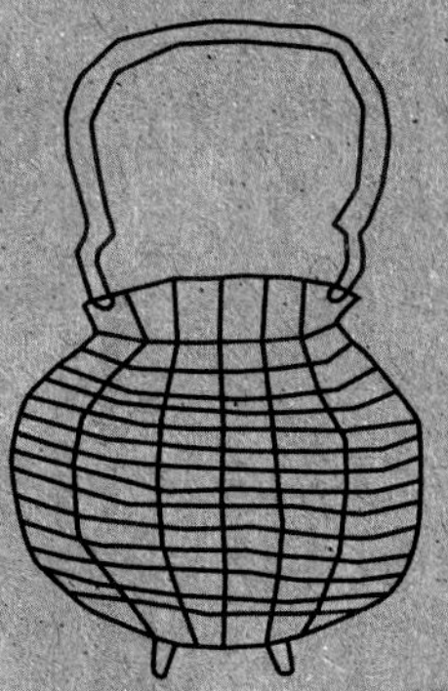

Salate

Tomate mit Mozzarella

Für 2 Personen
Zubereitung: 25 Minuten
Tomaten, Sommer

1 Kugel Büffelmozzarella
3 große, feste Tomaten
6 Basilikumblätter
3 EL Olivenöl
Einige Tropfen Zitronensaft
Fleur de Sel, Pfeffer

Den Mozzarella abgießen und mit Küchenpapier trocken tupfen. Die Tomaten in feine Scheiben schneiden und auf zwei Teller verteilen. Auf jede Portion eine halbe Kugel Mozzarella setzen. Kurz vor dem Servieren das Basilikum fein schneiden, auf den Tomaten verteilen und mit Olivenöl und einigen Tropfen Zitronensaft beträufeln. Mit Fleur de Sel bestreuen, pfeffern und sofort genießen.

Das ist ein ganz simples Rezept, das sehr gute Produkte erfordert. Ich liebe die Version mit Olivenöl und Zitronensaft, mein Mann zieht dagegen die mit Olivenöl und Balsamicoessig vor. Außerhalb der Tomatensaison greift man am besten zu schön festen Kirschtomaten.

Tomate mit Mozzarella

Weißer Spargel mit schaumiger Sauce hollandaise

Lauch mit Vinaigrette

Für 6 Personen
Zubereitung: 15 Minuten
Garzeit: 10 Minuten
Lauch, Herbst

12 kleine Stangen Lauch
6 Scheiben geräucherte Entenbrust
3 EL Weinessig
2 TL scharfer Senf
Fleur de Sel, Pfeffer
6 EL Olivenöl
½ Bund Schnittlauch, fein geschnitten

Von den Lauchstangen die Wurzeln abschneiden. Die Stangen der Länge nach halbieren und gründlich waschen.
10 Minuten im Dampf garen und auf Küchenpapier legen (auf keinen Fall in den Kühlschrank stellen, lauwarm schmecken sie besser). Das Fett von der geräucherten Entenbrust entfernen. Für die Vinaigrette Essig, Senf, etwas Salz und Pfeffer aus der Mühle sowie Olivenöl vermengen. Die Lauchstangen – je nach Länge – halbieren oder vierteln, auf Tellern anrichten und mit der Vinaigrette begießen. Die geräucherte Entenbrust danebenlegen. Den Schnittlauch auf dem Lauch verteilen und eventuell mit etwas Fleur de Sel und Pfeffer bestreuen.

Die geräucherte Entenbrust verleiht diesem Rezept eine besondere Note. Kaufen Sie kleine Stangen oder jungen Lauch.

Weißer Spargel mit schaumiger Sauce hollandaise

Für 4 Personen
Zubereitung: 20 Minuten
Garzeit: 20 Minuten
Spargel, Frühling

20–24 Stangen weißer Spargel
150 g sehr kalte Butter
2 frische Eier
Saft von ½ Zitrone
Salz, Pfeffer

Den Spargel schälen und die unteren Enden von den Stangen abschneiden. Die Spargelstangen 15 Minuten in kochendem Salzwasser garen. Währenddessen die Sauce zubereiten: die Butter in kleine Stücke schneiden und kalt stellen. Die Eier trennen. Die Eigelbe mit zwei Esslöffeln Wasser vermischen, aber nicht verquirlen. In einem großen Topf ein Wasserbad vorbereiten. Kurz bevor das Wasser zu kochen beginnt, eine Metallschüssel mit den Eigelben darüberstellen. Die Hitze reduzieren und die Eigelbe mit einem Schneebesen dick und schaumig schlagen. Unter ständigem Schlagen die Butterstücke nacheinander dazugeben. Sobald die Sauce die Konsistenz von Mayonnaise hat, den Herd ausschalten, die Sauce weiter schlagen und den Zitronensaft unterrühren. Mit Salz und Pfeffer abschmecken, dann abkühlen lassen. Die Eiweiße mit einer Prise Salz schaumig schlagen und behutsam unter die Sauce hollandaise ziehen. Den Spargel mit der Sauce servieren.

Ich mag auch diese „leichte" Sauce: einen Joghurt mit zwei Esslöffeln Balsamicoessig verquirlen und mit etwas fein geschnittenem Estragon sowie Salz und Pfeffer würzen.

Artischocken mit asiatischer Vinaigrette

Für 4 Personen
Zubereitung: 10 Minuten
Garzeit: 30 Minuten
Artischocken, Frühling

4 große Artischocken
3 EL Olivenöl
3 EL Sesamöl
2 EL Sojasauce
2 EL Reisessig
1 TL frischer Ingwer, geraspelt
4 EL Koriandergrün, fein geschnitten

Die Artischocken in reichlich kochendem Salzwasser etwa 30 Minuten garen. Um zu prüfen, ob sie gar sind, an einem Außenblatt ziehen: Es muss sich mühelos lösen lassen. Die Artischocken abgießen und abkühlen lassen. (Die Artischocken können auch in einem Schnellkochtopf gekocht werden. Dann dauert es 10 Minuten, bis das Wasser kocht, und 12 Minuten benötigen die Artischocken nach dem Verschließen des Ventils.) Für die Vinaigrette alle Zutaten in einer Schale vermischen. Entweder das Artischockenherz herauslösen, den Bart entfernen und das Herz mit der Vinaigrette servieren oder die ganzen Artischocken servieren und jeder arbeitet sich am Tisch selber bis zum Herz vor.

Für eine klassische Vinaigrette sechs Esslöffel Olivenöl, zwei Esslöffel Weißweinessig, einen Teelöffel Senf mit Salz und Pfeffer mischen.

Artischocken mit asiatischer Vinaigrette

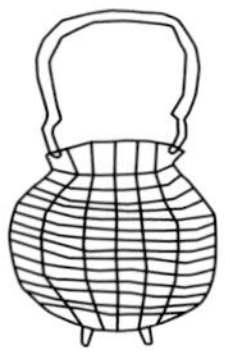

Muscheln mit weißen Bohnen

Für 6 Personen
Zubereitung: 40 Minuten
Garzeit: 40 Minuten
Weiße Bohnen, Sommer

600 g weiße Bohnen, enthülst
1 Bouquet garni (Thymian, Lorbeer, Petersilie)
1 Zwiebel, geschält
1 Nelke
Etwa 8 EL Olivenöl
Salz, Pfeffer
500 g Venusmuscheln
2 Schalotten, fein gewürfelt
2 Zweige Thymian
1 Lorbeerblatt
250 ml trockener Cidre
500 g Herzmuscheln
2 EL Cidreessig
½ Bund glatte Petersilie, fein geschnitten

Die Bohnen 1 Minute in kochendes, nicht gesalzenes Wasser geben. Abtropfen lassen und mit dem Bouquet garni, der mit der Nelke gespickten Zwiebel, einem Esslöffel Olivenöl und zwei Gläsern Wasser in einen Schmortopf geben. Leicht salzen und pfeffern und zugedeckt 40 Minuten bei schwacher Hitze köcheln. Falls nötig, während des Kochens etwas Wasser nachgießen. Die Muscheln in reichlich Salzwasser waschen. In einem Topf mit schwerem Boden die Schalotten in einem Esslöffel Olivenöl anbraten, die Venusmuscheln, den Thymian und das Lorbeerblatt dazugeben, salzen, pfeffern und den Cidre angießen. Zugedeckt 3 Minuten bei starker Hitze kochen. Die Herzmuscheln dazugeben und 5 Minuten kochen, dabei wiederholt den Topf kräftig rütteln. Vor dem Ausschalten des Herds prüfen, ob sich die Muscheln geöffnet haben. Die Muscheln abschütten und das Kochwasser auffangen. Das Wasser durch einen Filter in einen kleinen Topf gießen und einkochen lassen, während die Muscheln abkühlen. Ein paar Muscheln beiseitelegen. Das restliche Muschelfleisch aus der Schale lösen und alle ungeöffneten Muscheln wegwerfen. Aus dem verbliebenen Kochwasser, dem Essig und fünf bis sechs Esslöffeln Olivenöl eine Vinaigrette zubereiten und mit Salz und Pfeffer abschmecken. Die noch lauwarmen weißen Bohnen in eine große Schüssel füllen (zuvor abgießen, wenn nötig), das Muschelfleisch und die beiseitegelegten ganzen Muscheln dazugeben, die Sauce darübergießen und alles vermischen. Mit der fein geschnittenen Petersilie bestreuen und servieren.

Muscheln mit weißen Bohnen

Gurkensalat mit Zucker

Salat von frischen Erbsen mit Minze

Gurkensalat mit Zucker

Für 6 Personen
Zubereitung: 10 Minuten
Gurken, Sommer

3 EL feiner Zucker
4 EL Branntweinessig
1 Bund frische Minze
Pfeffer
4 Minigurken

Zucker und Essig in einer Schale so lange verrühren, bis der Zucker sich aufgelöst hat. Minze waschen, trocken tupfen, fein schneiden und zur Essigmischung geben, pfeffern und alles verrühren. Die Gurken waschen und in sehr feine Scheiben schneiden. In eine Salatschüssel geben, die Sauce darübergießen, alles vermischen und bis zum Servieren kalt stellen.

Minigurken sind sehr fest, enthalten kaum Samen und nur sehr wenig Wasser. Falls Sie keine bekommen, können Sie stattdessen sehr feste Salatgurken nehmen. Ich liebe diesen knackigen, frischen Salat – ideal für ein Mittagessen mit Freundinnen am Swimmingpool oder bei einem Kurzurlaub im Süden!

Salat von frischen Erbsen mit Minze

Für 4 Personen
Zubereitung: 20 Minuten
Garzeit: 5 Minuten
Grüne Erbsen, Frühling

1 kg frische grüne Erbsen
3 EL Olivenöl
1 EL Sojasauce
Saft von 1 Limette
1 cm frischer Ingwer, geraspelt
1 TL feiner Zucker
Salz, Pfeffer
2 EL fein geschnittene Minze

Die Erbsen enthülsen und in einem Topf mit kochendem Salzwasser 5 Minuten garen. Sie müssen knackig bleiben. Abgießen und kühl stellen. Die Vinaigrette zubereiten: in ein Marmeladenglas das Olivenöl, die Sojasauce, den Limettensaft, den Ingwer, den Zucker, ganz wenig Salz, aber sehr viel Pfeffer geben, das Glas verschließen und gut schütteln. Die abgekühlten Erbsen mit der Vinaigrette mischen und mit frischer Minze bestreuen.

Salat von Dicken Bohnen mit Chorizo

Für 6 Personen
Zubereitung: 30 Minuten
Garzeit: 10 Minuten
Dicke Bohnen, Frühling

2 kg frische Dicke Bohnen
100 ml Weißwein
1 Bouquet garni (Thymian, Minze, Petersilie)
Salz, Pfeffer
200 g Chorizo, in feinen Scheiben
150 g Räucherspeck, gewürfelt
4 EL Olivenöl
1 EL Weißweinessig
2 TL Senf
4 Frühlingszwiebeln, in Ringe geschnitten

Die Bohnen enthülsen und 30 Sekunden in kochendem Wasser blanchieren. Abkühlen lassen und die Haut entfernen. (Mit einem spitzen Küchenmesser in die Haut stechen und jede Bohne zwischen Daumen und Zeigefinger aus der Haut herausdrücken.)
Die Bohnen mit dem Wein, Bouquet garni sowie Salz und Pfeffer in einen großen Topf geben. Zugedeckt bei schwacher Hitze 5 Minuten köcheln lassen. Die Bohnen müssen etwas fest bleiben. In einer Pfanne Chorizo und Speck 5 Minuten goldbraun braten. Auf Küchenpapier entfetten. Die gekochten Dicken Bohnen abkühlen lassen, dann abgießen. (Das Bouquet garni wegwerfen.)
Das Dressing zubereiten: in ein Marmeladenglas Olivenöl, Weißweinessig, Senf, Salz und Pfeffer geben, das Glas verschließen und gut schütteln. Schon ist das Dressing fertig. Die Dicken Bohnen mit den Frühlingszwiebeln, dem Chorizo und dem Speck in eine Salatschüssel geben, das Dressing darübergießen und unterheben.

Salat von Dicken Bohnen mit Chorizo

Rindfleischsalat mit Sojasprossen

Für 6 Personen
Zubereitung: 15 Minuten
Garzeit: 5 Minuten
Sojasprossen, Herbst

300 g Sojasprossen oder Mungobohnensprossen
700 g Rinderfilet
5 EL Reisessig
5 EL Sojasauce
2 cm frischer Ingwer, geraspelt
Pfeffer
½ Bund Koriandergrün, fein geschnitten
½ Bund Schnittlauch, fein geschnitten
3 Schalotten, fein gewürfelt
Olivenöl

Die Sprossen waschen und abtropfen lassen. Das Rinderfilet auf jeder Seite 2 Minuten braten; es soll nicht durchgaren, sondern halb gar bleiben. 5 Minuten ruhen lassen, dann in feine Scheiben schneiden. Für das Dressing den Reisessig mit der Sojasauce und geraspeltem Ingwer vermischen und mit einigen Umdrehungen Pfeffer aus der Mühle würzen. In einer Salatschüssel Sprossen, Koriander, Schnittlauch und Schalotten vermischen. Das Dressing darübergeben und unterheben. Das Fleisch auf sechs Teller verteilen und darauf den Salat anrichten. Mit Olivenöl beträufeln und sofort servieren.

Das Rinderfilet kann durch Hähnchenbrustfilet, das im Dampf durchgegart wird, oder durch große rosa Garnelen ersetzt werden.

Rindfleischsalat mit Sojasprossen

 Zuckerschotensalat mit knusprigem Reis und Sojasauce

Möhrensalat mit Zucker und Zitrone

Zuckerschotensalat mit knusprigem Reis und Sojasauce

Für 4 Personen
Zubereitung: 35 Minuten
Garzeit: 15 Minuten
Zuckerschoten, Frühling

1 Glas Reis
Olivenöl
Fleur de Sel, Pfeffer
300 g Zuckerschoten
150 g große rosa Garnelen, gekocht
2 TL Sojasauce
2 Frühlingszwiebeln, in Ringe geschnitten
25 g Pinienkerne, goldbraun geröstet
½ Bund Koriandergrün, fein geschnitten

Den Reis waschen, bis das Wasser klar bleibt. Anderthalb Gläser Salzwasser zum Kochen bringen. Den Reis in einem Topf 5 Minuten bei schwacher Hitze in einem Teelöffel Olivenöl anbraten und mit mehreren Umdrehungen Pfeffer aus der Mühle würzen. Häufig umrühren. Mit dem kochenden Salzwasser aufgießen und zugedeckt garen. Ist das gesamte Wasser absorbiert, die Hitze erhöhen und den Reis 5 Minuten braten. Noch einen Teelöffel Olivenöl dazugeben, unterrühren und den Reis kalt werden lassen. Die Zuckerschoten 5 Minuten in kochendem Salzwasser garen. In einer Schüssel in eiskaltem Wasser abkühlen. Die Garnelen schälen und den Darm entfernen. Für das Dressing die Sojasauce mit vier Esslöffeln Olivenöl und Pfeffer verrühren. In einer Salatschüssel den Reis mit den Zuckerschoten, Frühlingszwiebeln, Garnelen, Pinienkernen und dem Koriander vermischen. Das Dressing unterheben, den Salat leicht mit Fleur de Sel bestreuen und sofort genießen.

Möhrensalat mit Zucker und Zitrone

Für 6 Personen
Zubereitung: 10 Minuten
Ruhezeit: 1 Stunde
Möhren, Winter

10 schöne Möhren
1 gestrichener EL feiner Zucker
Saft von 1 Zitrone
3 EL Erdnussöl
Fleur de Sel, Pfeffer

Die Möhren schälen und grob raspeln. Den Zucker darüberstreuen, den Zitronensaft dazugeben und alles vermischen. Mit dem Erdnussöl beträufeln, salzen und pfeffern und noch einmal mengen. Den Salat abschmecken und vor dem Servieren mindestens 1 Stunde an einem kühlen Ort ziehen lassen.

Dieser Salat reicht nie: Er schmeckt so gut, dass man sich noch etwas und noch etwas davon nehmen möchte …

Rote-Bete-Salat mit Koriander

Für 6 Personen
Zubereitung: 10 Minuten
Rote Bete, Herbst

4 Rote Bete, gekocht
1 Bund Koriandergrün, fein geschnitten
2 EL Balsamicoessig
4 EL Olivenöl
Fleur de Sel, Pfeffer

Die Roten Beten schälen und in sehr feine Scheiben schneiden. (Mit einem Gemüsehobel geht das sehr einfach.) Auf sechs Tellern anrichten, mit Koriander bestreuen und mit Balsamicoessig, Olivenöl, Fleur de Sel und mehreren Umdrehungen Pfeffer aus der Mühle würzen.

Rote-Bete-Salat mit Koriander

Salat von Breiten Bohnen nach thailändischer Art

Für 4 Personen
Zubereitung: 20 Minuten
Garzeit: 10 Minuten
Breite Bohnen, Sommer

600 g Breite Bohnen
Salz, Pfeffer
1 EL Pflanzenöl
1 Knoblauchzehe, zerdrückt
1 cm frischer Ingwer, geraspelt
1 Prise edelsüßes Paprikapulver
1 EL Fischsauce (nuoc mâm)
½ TL Gewürzmischung „Quatre-épices"
3 EL Kokosmilch
Saft von 1 Limette
2 Frühlingszwiebeln, in feine Ringe geschnitten
½ Bund Koriandergrün, fein geschnitten
50 g Kokosraspel
25 g Erdnüsse, gehackt

Die Bohnen putzen und 5 Minuten in kochendem Salzwasser garen; sie sollten knackig bleiben. Abgießen und unter kaltem Wasser abschrecken, damit sie nicht nachgaren. In einer kleinen Pfanne einen Esslöffel Öl erhitzen und darin Knoblauch, Ingwer, Paprikapulver, Fischsauce und Quatre-épices 2–3 Minuten anbraten. Kokosmilch und Limettensaft dazugeben und gut unterrühren.
Zum Servieren die Bohnen, Frühlingszwiebeln und den Koriander in eine große Salatschüssel geben. Die Sauce darübergeben, unterheben und den Salat abschmecken. Mit Kokosraspeln und Erdnüssen bestreuen und sofort servieren.

Dieser Salat schmeckt auch mit grünen Bohnen sehr gut.

Salat von Breiten Bohnen nach thailändischer Art

Linsensalat mit Koriander und Limette

Für 6 Personen
Zubereitung: 20 Minuten
Garzeit: 50 Minuten
Frühlingszwiebeln, Frühling

300 g grüne Linsen (Puy-Linsen)
4 Frühlingszwiebeln
4 EL fein geschnittenes Koriandergrün
2 unbehandelte Limetten
1 TL Weinessig
1 EL Senf
4 EL Olivenöl
Fleur de Sel, Pfeffer

Die Linsen ein wenig kürzer als auf der Packung angegeben kochen – sie sollten noch etwas bissfest sein – und abkühlen lassen. In einer Salatschüssel die in feine Ringe geschnittenen Frühlingszwiebeln, den Koriander, die fein abgeriebene Schale von einer und den Saft von zwei Limetten sowie den Weinessig gut verrühren. Senf und Öl sowie etwas Salz und Pfeffer dazugeben und untermischen. Die Linsen hineingeben, mit dem Dressing vermengen und den Salat abschmecken. Bis zum Servieren kühl stellen.

Celinettes Kichererbsensalat

Für 4 Personen
Zubereitung: 30 Minuten
Frische Petersilie, Sommer

2 EL Weinessig
1 EL scharfer Senf
4 EL Olivenöl
Fleur de Sel, Pfeffer
4UU g Kichererbsen, gekocht
4 Frühlingszwiebeln (oder 1 große rote Zwiebel), in feine Ringe geschnitten
1 Bund glatte Petersilie, fein geschnitten

In einer Salatschüssel Essig, Senf, Olivenöl, ein wenig Salz und viel Pfeffer zu einem Dressing verrühren. Kichererbsen, Zwiebeln und Petersilie dazugeben. Den Salat gut mischen und sofort servieren oder für später kalt stellen.

Kohlsalat japanische Art

Für 6 Personen
Zubereitung: 10 Minuten
Kohl, Winter

1 Chinakohl
3 EL Sojasauce
1 TL Essig
1 TL Sesam, geröstet
1 Prise Zucker

Den Kohl waschen, vierteln und in sehr feine Streifen schneiden. In einer Schale Sojasauce und Essig verrühren. Sesam und Zucker dazugeben, dann mit einem Esslöffel Wasser verdünnen. Das Dressing über den Kohl geben, alles vermischen und sofort servieren.

Knackige Champignons mit Arganöl und Koriander

Für 6 Personen
Zubereitung: 15 Minuten
Champignons, Herbst

500 g feste Champignons
½ Bund Koriandergrün, die Blätter abgezupft
6 EL Arganöl
Fleur de Sel, Pfeffer

Die Champignons mit einem kleinen feuchten Tuch säubern und erst kurz vor dem Servieren in sehr feine Scheiben schneiden. Das Arganöl darüberträufeln, die Korianderblätter darauf verteilen und alles mit Fleur de Sel sowie mehreren Umdrehungen Pfeffer aus der Mühle würzen. Möchte man den Salat im Voraus zubereiten (dann schmeckt er allerdings nicht ganz so gut), etwas Zitronensaft über die Champignons träufeln, sobald sie geschnitten sind, damit sie nicht dunkel anlaufen. Das Öl und die Gewürze erst im letzten Augenblick darübergeben. Vorsicht auch bei der Verwendung von Arganöl, da es mehr Säure als die meisten Öle aufweist: Es wird erst im letzten Augenblick über die Pilze gegeben, da diese sonst „garen".

Bevorzugen Sie kleine Champignons, die schön fest sind und roh als Salat gegessen werden können. Sie können sie auch mit einer Prise gemahlenem Kreuzkümmel bestreuen, das schmeckt köstlich.

Libanesisches Taboulé

Für 4 Personen
Zubereitung: 30 Minuten
Ruhezeit: 30 Minuten
Frische Kräuter, Sommer

250 g Bulgur
3 feste Tomaten
3 Bund glatte Petersilie, fein geschnitten
2 Bund Minze, fein geschnitten
4 Frühlingszwiebeln, in feine Ringe geschnitten
Saft von 2 Zitronen
6 EL Olivenöl
Salz, Pfeffer

Den Bulgur 10 Minuten in einem halben Liter kaltem Wasser quellen lassen. Die Tomaten 30 Sekunden in kochendes Wasser legen, dann in eiskaltem Wasser abschrecken. Die Haut abziehen, die Samen entfernen und das Fruchtfleisch in kleine Würfel schneiden. Den Bulgur abgießen und in einem Tuch ausdrücken, um so viel Wasser wie möglich zu entfernen. In einer Salatschüssel Bulgur mit Tomatenwürfeln, Petersilie, Minze, Zwiebeln, Zitronensaft und Olivenöl verrühren. Mit Salz und Pfeffer würzen, alles noch einmal gut durchmischen und abschmecken. Das Taboulé mindestens 30 Minuten kalt stellen und mit Fladenbrot servieren.

Libanesisches Taboulé

Salat von schwarzem Rettich mit Sojasauce

Marinas Fenchelsalat

Für 4 Personen
Zubereitung: 20 Minuten
Garzeit: 10 Minuten
Fenchel, Herbst

2 Zucchini
3 kleine, feste Tomaten
1 Fenchel
2 Eier, hart gekocht
½ Bund Koriandergrün, fein geschnitten
1 TL gemahlener Kreuzkümmel
6 EL Olivenöl
Salz, Pfeffer

Die Zucchini waschen und in dicke Scheiben schneiden (nicht schälen). 5 Minuten im Dampf garen – sie sollten knackig bleiben – und auf Küchenpapier abtropfen lassen. Die Tomaten 10 Sekunden in kochendes Wasser legen, dann in kaltem Wasser abschrecken, damit sich die Haut leichter abziehen lässt. Die Tomaten häuten, vierteln oder halbieren und die Samen entfernen. Auf Küchenpapier legen. Den Fenchel waschen und in sehr feine Scheiben schneiden. Die Eier schälen und mit der Gabel zerdrücken. In einer Schale die Eier mit dem Koriander, Kreuzkümmel und Olivenöl verrühren. Großzügig mit Pfeffer, aber sparsam mit Salz würzen. Auf einem Teller Fenchel, Zucchinischeiben und Tomaten nebeneinander anrichten. Die Koriander-Eier-Sauce darübergeben und genießen …

Salat von schwarzem Rettich mit Sojasauce

Für 4 Personen
Zubereitung: 15 Minuten
Schwarzer Rettich, Herbst

1 schwarzer Rettich
2 EL Sesamöl
2 EL Erdnussöl
1 EL Sojasauce
1 EL Sherryessig (Sorte Jerez)
Salz, Pfeffer

Den Rettich schälen und fein raspeln. Für die Vinaigrette Sesamöl, Erdnussöl, Sojasauce, Sherryessig, sehr wenig Salz und wenig Pfeffer in ein Marmeladenglas geben, dieses verschließen und kräftig schütteln. Die Vinaigrette erst kurz vor dem Servieren über den Rettich geben.

Wird der Rettich im Voraus geraspelt, sollten Sie ihn mit Frischhaltefolie abgedeckt an einem kühlen Ort aufbewahren. Zu diesem sehr japanischen Salat kann man Lachs-Sashimi oder Thunfisch servieren.

Fenchelsalat mit Zitrone und Koriander

Für 6 Personen
Zubereitung: 15 Minuten
Fenchel, Herbst

3 kleine (oder 2 große) Fenchel
2–3 unbehandelte Zitronen
1 Bund Koriandergrün, fein geschnitten
Olivenöl
Fleur de Sel, Pfeffer

Die Fenchelknollen putzen, in feine Scheiben schneiden und in eine Salatschüssel geben. Die Zitronen schälen und die Schale von einer Zitrone in feine Streifen schneiden. Das Fruchtfleisch aller Zitronen in sehr feine Scheiben schneiden, diese vierteln und zu dem Fenchel geben. Mit Koriander und der fein geschnittenen Zitronenschale bestreuen, dann Olivenöl, Salz und Pfeffer darübergeben. Alles vermischen, abschmecken, eventuell nachwürzen und bis zum Servieren kalt stellen.

Fenchelsalat mit Zitrone und Koriander

CET EMBALLAGE EST
NATUREL ET APTE AU CONTACT
ALIMENTAIRE • RESISTANT A
L'HUMIDITE • BIODEGRADABLE.
IL RESPECTE L'ENVIRONNEMENT

Gebratenes Gemüse

Gegrillte Auberginen

Für 6–8 Personen
Zubereitung: 10 Minuten
Grillzeit: 10 Minuten
Auberginen, Sommer

4 Auberginen
Olivenöl
Salz, Pfeffer
Saft von 1 Zitrone
1 Bund glatte Petersilie, fein geschnitten

Nutzen Sie einen sonnigen Tag, um dieses ausgesprochen einfache Rezept zuzubereiten. Die Auberginen waschen und in ein Zentimeter dicke Scheiben schneiden. Mit Olivenöl beträufeln und mit Salz und Pfeffer würzen. Die Auberginenscheiben auf dem Grill – nicht zu dicht bei der Glut – garen. Sie sollten etwa 5 Minuten auf jeder Seite grillen. Sind sie schön goldbraun, mit einem Spritzer Zitronensaft beträufeln und mit der fein geschnittenen Petersilie bestreuen. Sofort als Vorspeise genießen, zum Beispiel mit einem frischen Rosé …

Man kann auch Zucchini grillen, die man der Länge nach in ein Zentimeter dicke Scheiben schneidet.

Gegrillter Chicorée mit Basilikum und Parmesan

Für 4 Personen
Zubereitung: 20 Minuten
Garzeit: 15 Minuten
Chicorée, Winter

4 schöne Chicorée
1 Handvoll Basilikumblätter
1 kleine Handvoll glatte Petersilienblätter
Saft von ½ Zitrone
1 EL Zucker
25 g Parmesan, frisch gerieben
Pfeffer

Vom Chicorée die äußeren Hüllblätter und den Strunk entfernen und die Stauden der Länge nach halbieren. Basilikum- und Petersilienblätter zwischen die Chicoréeblätter stecken. Den Backofengrill vorheizen. Eine Backform mit Backpapier auslegen. Den Chicorée mit der Schnittfläche nach oben darauflegen, mit Zitronensaft beträufeln und mit Zucker, Parmesan und Pfeffer bestreuen. Mit etwas Abstand von der Heizspirale im Backofen 10–20 Minuten grillen, je nachdem, ob man den Chicorée knackig oder eher weich mag. Damit das Gemüse nicht verbrennt, mit Alufolie abdecken, sobald die Oberfläche schön goldbraun ist.

Zu Nudeln, Fisch oder einem gegrillten Steak servieren … Sie können das Basilikum durch Sauerampfer- oder Spinatblätter ersetzen.

Lauch vom Grill

Für 4 Personen
Zubereitung: 10 Minuten
Garzeit: 25 Minuten
Lauch, Herbst

8 kleine Stangen Lauch
50 g Butter
1 TL Gomasio (siehe unten)
Pfeffer

Von den Lauchstangen die Wurzeln abschneiden, die äußeren Blätter entfernen und die Stangen unter kaltem Wasser gründlich waschen. Gut abtrocknen. Einen gusseisernen Grill vorheizen. In einem Topf die Butter zerlassen. Die Lauchstangen auf den Grill legen, mit der geschmolzenen Butter bestreichen (mit einem Pinsel, das ist leichter) und 25 Minuten grillen, dabei häufig wenden. Das Garen sollte bei mittlerer bis schwacher Hitze erfolgen. Ist der Lauch weich (zum Prüfen eine Messerspitze hineinstechen), die Stangen auf einen Teller geben, mit der restlichen geschmolzenen Butter beträufeln und mit Gomasio und mehreren Umdrehungen Pfeffer aus der Mühle würzen.

Zu diesem Lauch schmecken Spiegeleier. Gomasio ist eine Mischung aus Salz und Sesam, die man als Fertigprodukt in Bioläden bekommt.

Gebratener Fenchel mit kandierter Zitrone

Für 4 Personen
Zubereitung: 10 Minuten
Backzeit: 30 Minuten
Fenchel, Herbst

1 kandierte Zitrone
4 Fenchel
Olivenöl
Pfeffer

Den Backofen auf 220 °C vorheizen. Die kandierte Zitrone abspülen und in kleine Stücke schneiden. Die Fenchelknollen der Länge nach vierteln, vom Strunk befreien und nebeneinander auf ein Backblech legen. Mit einem Schuss Olivenöl beträufeln, die kandierten Zitronenstücke darüber verteilen und großzügig pfeffern. Im Ofen 15 Minuten backen. Den Backofen auf 180 °C herunterschalten, die Fenchelstücke wenden und erneut mit Öl beträufeln. Weitere 15 Minuten im Ofen backen. Heiß oder kalt servieren.

Ideal als Beilage zu gegrilltem Fisch.

北京的全国重点文物保护单位
天
津
市

Kürbis aus dem Ofen

Für 6 Personen
Zubereitung: 15 Minuten
Backzeit: 35 Minuten
Kürbis, Herbst

1 Muskat-, Butternuss- oder Hokkaidokürbis
3 Knoblauchzehen
1 EL Olivenöl
3 EL Ahornsirup
1 TL Gewürzmischung „Quatre-épices"
Fleur de Sel, Pfeffer
1 1/2 EL fein geschnittenes Koriandergrün

Den Backofen auf 180 °C vorheizen. Den Kürbis waschen und in Viertel schneiden. Die Kerne entfernen. Die Kürbisstücke auf ein Backblech legen, die Knoblauchzehen (mit der Schale) dazugeben. Zuerst mit Olivenöl, danach mit Ahornsirup beträufeln und mit Quatre-épices, Salz und Pfeffer würzen. Im Backofen 35 Minuten garen. Vor dem Servieren den Koriander über den Kürbisvierteln verteilen und etwas Fleur de Sel und Pfeffer darüberstreuen.

Gebackene Tomaten

Für 6 Personen
Zubereitung: 20 Minuten
Backzeit: 2½ Stunden
Ruhezeit: 30 Minuten
Tomaten, Sommer

12 mittelgroße Tomaten
Olivenöl
3 TL Tomatenmark
2 Knoblauchzehen, geschält und gehackt
15 Basilikumblätter, gewaschen
½ TL gemahlener Kreuzkümmel
2 EL Zucker
Salz, Pfeffer

Den Backofen auf 90 °C vorheizen. Die Tomaten waschen, halbieren, von den Samen befreien und 30 Minuten mit der Schnittfläche nach unten auf Küchenpapier stellen, damit sie gut trocknen. In einer Schale zwei Esslöffel Olivenöl mit dem Tomatenmark, Knoblauch, Basilikum und Kreuzkümmel verrühren. Ein großes Backblech mit Olivenöl einfetten. Darauf die Tomaten mit der Schale nach unten verteilen. Auf jede Tomate etwas von der Knoblauch-Basilikum-Mischung geben, ein wenig Olivenöl darüberträufeln und mit dem Zucker, Pfeffer und wenig Salz bestreuen. Im Ofen 2½ Stunden backen.

Die Tomaten schmecken hervorragend zu gegrilltem Fisch.

Gebackene Tomaten

Thalies Ratatouille

Für 6–8 Personen
Zubereitung: 30 Minuten
Garzeit: 4 Stunden
Paprikaschoten, Sommer

Olivenöl
3 Zwiebeln
1 Dose geschälte Tomaten (etwa 450 g)
6 Zucchini
1 kleine Aubergine
Salz, Pfeffer
1/2 TL gemahlener Kreuzkümmel
1/2 TL edelsüßes Paprikapulver
1/2 Bund Koriandergrün
6 Paprikaschoten (rote, gelbe oder orangefarbene, auf keinen Fall grüne)

In einen großen schweren Kochtopf drei Esslöffel Olivenöl geben und die geschälten und geviertelten Zwiebeln darin bei starker Hitze 5 Minuten anbraten. Sobald die Zwiebeln goldbraun sind, die Tomaten mit ihrem Saft, die gewaschenen und in große Würfel geschnittenen Zucchini sowie die gewaschene und in Stücke geschnittene Aubergine dazugeben. Mit Salz, Pfeffer, gemahlenem Kreuzkümmel, Paprikapulver und dem gewaschenen und grob gehackten Koriandergrün würzen. Zugedeckt bei schwacher Hitze 2 Stunden köcheln lassen. Währenddessen den Backofengrill vorheizen und die Paprikaschoten darunter rösten, bis sie rundherum schwarz sind. Zum Abkühlen in einen Gefrierbeutel oder eine gut schließende Kunststoffbox geben. Sobald man die Schoten berühren kann, ohne sich zu verbrennen, unter einem dünnen kalten Wasserstrahl Haut und Samen entfernen. Anschließend das Fruchtfleisch in Streifen schneiden. Nach 2 Stunden Garzeit die Paprikaschoten zur Ratatouille geben und das Gemüse weitere 2 Stunden ohne Deckel bei sehr schwacher Hitze köcheln lassen. Aufpassen, dass nichts anbrennt. Abschmecken und heiß oder kalt servieren: Diese Ratatouille schmeckt immer köstlich.

Mamas Gratin dauphinois

Für 6 Personen
Zubereitung: 20 Minuten
Backzeit: 1½ Stunden
Kartoffeln, Winter

1 kg Kartoffeln, vorwiegend festkochend
2 Eier
330 ml Milch
250 g Sahne
Muskatnuss
Salz, Pfeffer
1 Knoblauchzehe, geschält
75 g Butter, in Stücken
50 g Greyerzer, gerieben

Den Backofen auf 150 °C vorheizen. Die Kartoffeln schälen und in zwei bis drei Millimeter dicke Scheiben schneiden. Waschen und gründlich trocken tupfen. In einer Schüssel die Eier kräftig mit der Milch, der Sahne, ein wenig Muskatnuss sowie Salz und Pfeffer verquirlen. Eine Auflaufform mit der Knoblauchzehe einreiben und leicht buttern. Auf dem Boden der Form eine Schicht Kartoffeln verteilen und mit Butterflöckchen, Greyerzer sowie Salz und Pfeffer bestreuen. Auf diese Art alle Kartoffeln in die Form schichten und mit einer Lage Käse enden. Darüber die Eiermischung gießen und das Gratin 1½ Stunden im Ofen backen.

Mit Honig und Zitrone geschmorter Chicorée

Mit Honig und Zitrone geschmorter Chicorée

Für 6 Personen
Zubereitung: 5 Minuten
Garzeit: 20 Minuten
Chicorée, Winter

8 Chicorée
40 g Butter
4 EL Honig
Saft von 1 Zitrone
Salz, Pfeffer

Den Chicorée kurz waschen, die äußeren Blätter und den bitteren Strunk entfernen. Jeden Chicorée der Länge nach halbieren. Die Butter in einer großen Bratpfanne zerlassen und den Chicorée darin 5 Minuten bei mittlerer Hitze anbraten. Honig und Zitronensaft sowie Salz und Pfeffer darübergeben, zudecken und 10 Minuten karamellisieren lassen. Den Chicorée wenden und weitere 5 Minuten schmoren. Soll er auf der Zunge zergehen, ein paar Minuten länger garen, dann aber noch etwas Wasser in die Pfanne geben.

Aromatischer wird es, wenn man den Zitronensaft durch den Saft von zwei Orangen ersetzt und mit dem Honig geriebenen Ingwer zum Chicorée gibt.

Sophies gefüllte Zucchini

Für 4 Personen
Zubereitung: 20 Minuten
Backzeit: 40 Minuten
Zucchini, Sommer

6 runde Zucchini
Salz, Pfeffer
Olivenöl
2 Zwiebeln, in dünne Scheiben geschnitten
1 Becher Ricotta (etwa 150 g)
1 Ziegenfrischkäse (etwa 125 g)

Von den Zucchini einen Deckel abschneiden und beiseitelegen. Das Fruchtfleisch mit einem Teelöffel (mit einem Pampelmusenlöffel geht es am leichtesten) herausschaben. Dabei aufpassen, dass die Schale nicht beschädigt wird. Die ausgehöhlten Zucchini in eine Form stellen und mit Salz und Pfeffer ausstreuen sowie mit einem Schuss Olivenöl beträufeln.
Den Backofen auf 180 °C vorheizen. In einer Pfanne in zwei Esslöffeln Olivenöl die Zwiebeln und das grob geschnittene Zucchinifruchtfleisch anbraten. 10 Minuten bei schwacher Hitze garen und gelegentlich umrühren. Diese Mischung in ein Sieb geben, damit überschüssiges Wasser abtropft. In einer Schüssel Ricotta und Ziegenfrischkäse verrühren und das mit den Zwiebeln angedünstete Zucchinifruchtfleisch untermengen. Wenig Salz, aber großzügig Pfeffer dazugeben.
Die Masse in die Zucchini füllen, die Deckel aufsetzen und die Zucchini 30 Minuten im Ofen backen.

Mit Honig glasierte weiße Rüben mit Gewürzen

Für 4 Personen
Zubereitung: 20 Minuten
Garzeit: 30 Minuten
Weiße Rüben, Winter

1 kg weiße Rüben
15 g gesalzene Butter
3 EL flüssiger Honig
1 TL Gewürzmischung „Quatre-épices"
Pfeffer

Die weißen Rüben schälen und in Stücke schneiden. Die Butter in einer Pfanne zerlassen, die Rübenstücke dazugeben und rühren, damit sie rundherum mit Butter überzogen sind. Honig und Quatre-épices darübergeben und die Rüben 5 Minuten goldbraun anbraten. Mit Wasser bedecken, Pfeffer dazugeben und bei schwacher Hitze kochen, bis das Wasser völlig verdampft ist. Wer die Rüben süßer mag, kann noch etwas Wasser und Honig dazugeben und die Kochzeit um ein paar Minuten verlängern.

Mit kleinen weißen Rüben, die es im Frühling gibt, schmeckt es noch besser: die Rüben nicht schälen (und einen ein Zentimeter langen Stiel stehen lassen; so sehen sie noch appetitlicher aus)!

Mit Honig glasierte weiße Rüben mit Gewürzen

Gefüllte Auberginen korsische Art

Gefüllte Auberginen korsische Art

Für 6 Personen
Zubereitung: 20 Minuten
Garzeit: 45 Minuten
Auberginen, Sommer

3 Auberginen
50 g Schinken
1 Knoblauchzehe, geschält
1 EL gehackte Petersilie
1 EL gehacktes Basilikum
1 EL gehackte Minze
2 Scheiben Brot ohne Rinde, in Milch eingeweicht
75 g alter Brocciu, gerieben (siehe rechts)
75 g frischer Brocciu, gerieben
50 g Parmesan, frisch gerieben
Pfeffer, Salz
2 EL Olivenöl
1 Dose geschälte Tomaten (etwa 425 g)
1 EL Tomatenmark
1 Zwiebel, in dünne Scheiben geschnitten

Die Auberginen (ungeschält) 5 Minuten in kochendem Salzwasser garen – sie müssen fest bleiben – und der Länge nach halbieren. Das Fruchtfleisch mit einem Teelöffel (mit einem Pampelmusenlöffel geht es am leichtesten) herauslöffeln und mit dem Schinken und Knoblauch hacken. Mit der Petersilie, je der Hälfte des Basilikums und der Minze und dem gut abgetropften weichen Brot in eine Schüssel füllen und sämtlichen Käse, wenig Salz und mehr Pfeffer untermischen. Die Auberginen mit dieser Masse füllen. Den Backofen auf 240 °C vorheizen. Zwei Esslöffel Olivenöl in einer Pfanne erhitzen und die Auberginenhälften darin goldbraun anbraten. Danach in eine Backform geben und 30 Minuten im Ofen backen.
Währenddessen die Tomaten, das Tomatenmark und die Zwiebel in der Pfanne verrühren; salzen und pfeffern. Zugedeckt bei schwacher Hitze 15 Minuten köcheln lassen, dabei die Tomaten mit einer Gabel zerdrücken, um eine glatte Sauce zu bekommen. Die Tomatensauce über die Auberginen schöpfen und mit Basilikum und Minze bestreuen. Sofort servieren.

Sie können die Tomatensauce mit einer Prise Paprikapulver, am besten Piment d'Espelette, verfeinern.

Gefüllte Artischocken

Für 4 Personen
Zubereitung: 20 Minuten
Garzeit: 25 Minuten
Artischocken, Frühling

Saft von 1 Zitrone
2 Bund Babyartischocken
200 g frischer Brocciu, gerieben (siehe unten)
Salz, Pfeffer, Olivenöl

In einem großen Topf Salzwasser mit Zitronensaft zum Kochen bringen. Den Backofen auf 180 °C vorheizen. Die Artischockenstängel abschneiden, zwei Drittel der unteren Hüllblätter entfernen. Das obere Drittel von jeder Artischocke abschneiden. Die Artischocken sofort im kochenden Wasser 10 Minuten garen. Abgießen und leicht abkühlen lassen. Das Heu und ein paar der inneren Blätter entfernen, um die Artischocken zu füllen. Die inneren Blätter mit dem Brocciu mischen und mit Salz und Pfeffer würzen. Die Artischocken damit füllen, in eine Backform stellen, mit Olivenöl beträufeln und 15 Minuten im Ofen backen. Man kann sie kalt mit einem Salat essen.

Brocciu ist ein korsischer Schnittkäse aus Ziegen- und Schafmilch. Sie können ihn durch einen ähnlichen Käse ersetzen.

Gegrillter Mais, wie Kinder ihn mögen

Für 4 Personen
Zubereitung: 5 Minuten
Garzeit: 15 Minuten
Mais, Sommer

4 Zuckermais
1 Glas Milch
25 g gesalzene Butter, geschmolzen
Pfeffer

Die Maiskolben waschen, abtrocknen und darauf achten, dass die Körner von den Blättern gut umhüllt sind. Die Milch in einem Topf aufkochen und den Mais darin 5 Minuten garen. Herausnehmen, abwaschen, von den Hüllblättern befreien und gut trocken tupfen. Den Backofengrill vorheizen und die Maiskolben 10 Minuten grillen, dabei häufig wenden. Mit der Butter beträufeln und Pfeffer darüberstreuen.

Gegrillter Mais, wie Kinder ihn mögen

Dadas gefüllte Tomaten

Für 5–6 Personen
Zubereitung: 15 Minuten
Backzeit: 30 Minuten
Tomaten, Sommer

10 mittelgroße, ziemlich feste runde Tomaten
125 g Wurstbrät
125 g Hackfleisch vom Kalb
250 g Hackfleisch vom Rind
3 Eier
1 Glas Milch
1 EL gemahlener Kreuzkümmel
1 TL Pfeffer aus der Mühle
1 Zwiebel, fein geschnitten
2 Schalotten, fein geschnitten
1 Bund Koriandergrün, fein geschnitten
2 Rinderbrühwürfel
Olivenöl

Die Tomaten waschen, einen Deckel abschneiden und beseitelegen und die Samen herauslösen, ohne die Früchte zu beschädigen. Die Tomaten zum Abtropfen mit der Schnittfläche nach unten auf Küchenpapier setzen. In einer Schüssel Wurstbrät, Fleisch, Eier, Milch, Kreuzkümmel, Pfeffer, Zwiebel, Schalotten, Koriander und zerkrümelte Brühwürfel gründlich vermengen. Den Backofen auf 180–200 °C vorheizen. Die Füllung in die Tomaten drücken und die Tomatendeckel daraufsetzen. Die Tomaten auf einem Backblech verteilen, mit Olivenöl beträufeln und 30 Minuten im Ofen backen. Sofort mit Reis und einer guten, selbst gemachten Tomatensauce servieren.

Diese gefüllten Tomaten schmecken auch aufgewärmt sehr gut.

Spinat indische Art

Für 4 Personen
Zubereitung: 20 Minuten
Garzeit: 20 Minuten
Spinat, Sommer

1 kg frischer Spinat
2 EL Olivenöl
1 Zwiebel, fein geschnitten
1 TL Kreuzkümmelsamen
4 Kardamomsamen
1 TL Zimt
1 Lorbeerblatt
1 Tomate, in Stücke geschnitten
1 Knoblauchzehe, zerdrückt
1 cm frischer Ingwer, gerieben
1 TL Kurkuma
1 TL Garam masala
1 EL Tomatenmark
100 g Sahne
25 g Schafsfrischkäse
½ Bund Koriandergrün, fein geschnitten

Den Spinat waschen, abtropfen lassen und grob hacken. In einem Wok das Olivenöl erhitzen und Zwiebel, Kreuzkümmel und Kardamom, Zimt, Lorbeerblatt, Tomate, Knoblauch und Ingwer hineingeben. 2 Minuten bei starker Hitze unter Rühren anbraten. Den Spinat gut unterrühren und bei schwacher Hitze 10 Minuten garen. Kurkuma und Garam masala mit Tomatenmark, Sahne und Schafskäse einrühren. Unter Rühren 5 Minuten bei schwacher Hitze durchwärmen. Vor dem Servieren mit Koriandergrün bestreuen.

Grüne Erbsen französische Art

Für 4 Personen
Zubereitung: 20 Minuten
Garzeit: 30 Minuten
Grüne Erbsen, Frühling

1 kg grüne Erbsen (in der Schote)
1 Kopfsalat
1 Bund kleine Frühlingszwiebeln
1 Bouquet garni (Thymian, Lorbeer, Petersilie)
80 g Butter
2 Stück Würfelzucker
Fleur de Sel, Pfeffer

Die Erbsen enthülsen. Den Salat waschen und grob zerzupfen. Die Zwiebeln putzen und in Ringe schneiden. Diese Zutaten mit dem Bouquet garni, drei Vierteln der in Stücke geschnittenen Butter und dem Zucker in einen Schmortopf geben, salzen und pfeffern. 150 Milliliter kaltes Wasser unterrühren und zugedeckt zum Kochen bringen. Die Hitze reduzieren und alles 25 Minuten köcheln lassen. Das Bouquet garni entfernen, die restliche Butter unterziehen, abschmecken und sofort servieren.

Sie können Petersilie, fein geschnittenen Kerbel oder wenig Estragon darüberstreuen.

Tious kleine Kartoffeln

Für 4 Personen
Zubereitung: 5 Minuten
Garzeit: 30 Minuten
Kartoffeln, Frühling

2 EL Olivenöl
600 g neue, kleine Kartoffeln, festkochend (oder La Ratte)
1 Glas trockener Weißwein
2 EL Sojasauce
1 Lorbeerblatt
2 Zweige Thymian
Salz, Pfeffer

In einem Schmortopf das Olivenöl erhitzen und die Kartoffeln darin (gewaschen, aber mit der Schale) 10 Minuten goldbraun anbraten. Wein und Sojasauce angießen, Lorbeerblatt und Thymian dazugeben und sehr sparsam salzen und pfeffern. Zugedeckt bei schwacher Hitze 20 Minuten garen. Aufpassen, dass nichts anhaftet; wenn nötig, etwas Wasser oder Wein nachgießen. Mit der Messerspitze prüfen, ob die Kartoffeln weich sind, eventuell 2–3 Minuten länger kochen.

Einfache, zartschmelzende Möhren

Für 6 Personen
Zubereitung: 10 Minuten
Garzeit: 55 Minuten
Möhren, Winter

1 kg Möhren
50 g Butter
Saft von 1 Zitrone
1 EL Zucker
Fleur de Sel, Pfeffer
2 EL fein geschnittene glatte Petersilie

Die Möhren schälen und in ziemlich feine Scheiben schneiden. In einen Schmortopf die Hälfte der Butter, die Möhren, den Zitronensaft und den Zucker geben; sparsam salzen und pfeffern. Zudecken und sehr behutsam erhitzen, dabei gelegentlich umrühren. Die Möhren sollten nicht anhaften. Nach 10 Minuten 200 Milliliter Wasser angießen und die Möhren etwa 30 Minuten köcheln. Sie sollten weich sein, aber nicht zu Püree zerfallen. Direkt vor dem Servieren die restliche Butter unterrühren und die Möhren mit Petersilie bestreuen.

Sie können den Zitronensaft durch Orangensaft und die Petersilie durch Koriandergrün ersetzen; auch das schmeckt ausgezeichnet.

Einzigartige Gerichte

Steinpilztarte

Für 4 Personen
Zubereitung: 45 Minuten
Backzeit: 25 Minuten
Steinpilze, Sommer

800 g frische junge Steinpilze
Olivenöl
1 Rolle Blätterteig
1 Knoblauchzehe, geschält
60 g weiche Butter
Fleur de Sel, Pfeffer
24 Blätter glatte Petersilie, fein geschnitten
2 Schalotten, fein geschnitten

Die Pilze mit feuchtem Küchenpapier säubern (die Stiele dranlassen, wenn sie nicht zu fasrig sind) und in ein Zentimeter dicke Scheiben schneiden. In einer großen Pfanne zwei Esslöffel Olivenöl erhitzen und die Pilze darin rundherum anbraten. Auf Küchenpapier abtropfen lassen und beiseitestellen.
Den Backofen auf 210 °C vorheizen. Den Teig auf einer sauberen Fläche ausrollen und vier Kreise mit einem Durchmesser von 14 Zentimetern ausschneiden. Mit einer Gabel einstechen und 30 Minuten in den Kühlschrank stellen. Backpapier auf ein Backblech legen und die Teigkreise nebeneinander darauflegen. Mit einem Blatt Backpapier abdecken und zum Blindbacken Hülsenfrüchte (Linsen oder Reis) darüber verteilen, damit der Blätterteig beim Backen nicht zu stark aufgeht. Im Ofen 8 Minuten backen. Hülsenfrüchte und Papier entfernen – ohne sich dabei zu verbrennen – und die Teigböden wenden. Noch einmal wie zuvor abdecken und beschweren und weitere 8 Minuten im Ofen backen. Zum Warmhalten mit Alufolie abdecken. Die Knoblauchzehe schälen und vier Tortelettformen damit einreiben und leicht buttern. Die Steinpilzscheiben dekorativ in den Formen verteilen. Leicht salzen, pfeffern und mit Petersilie und Schalotten bestreuen. Butterflöckchen daraufsetzen und die Pilze auf der unteren Einschubleiste im Ofen 8 Minuten backen. Sind die Steinpilze schön karamellisiert, die Teigböden darauflegen und die Formen stürzen. Vor dem Servieren mit etwas Fleur de Sel und mit einer Umdrehung Pfeffer aus der Mühle würzen.

Falls Sie keine jungen Steinpilze bekommen, müssen Sie unbedingt den weißen Reif von den Hüten entfernen.

Knusprige Quiche mit gebackenen Tomaten

Für 3–4 Personen
Zubereitung: 25 Minuten
Backzeit: 1 Stunde 20 Minuten
Tomaten, Sommer

500 g große Kirschtomaten
Olivenöl
1 TL feines Salz
1 TL frisch gemahlener Pfeffer
1 EL Zucker
1 Knoblauchzehe, zerdrückt
1 Rolle Blätterteig
2 EL Pesto
100 g Rucola
1 Stück Parmesan (etwa 50 g)
Fleur de Sel, Pfeffer

Den Backofen auf 130 °C vorheizen. Die Tomaten waschen und halbieren, die Samen entfernen und die Früchte mit der Schnittfläche nach unten zum Abtropfen auf Küchenpapier setzen. In einer Schale vier Esslöffel Olivenöl, das Salz, den Pfeffer, den Zucker und den Knoblauch vermischen. Diese Mischung auf einem Backblech verteilen, die Tomaten mit der Schnittfläche nach unten daraufsetzen und im Backofen 1 Stunde garen. Die Backofentemperatur herunterschalten, wenn die Tomaten zu stark trocknen: Sie sollten weich bleiben. Die gebackenen Tomaten aus dem Backofen nehmen und diesen auf 160 °C hochschalten. Backpapier auf einen Backrost legen, darauf den Teig ausbreiten, nach Belieben rund ausschneiden und mit einer Gabel mehrmals einstechen. Den Teig mit Pesto bestreichen, aber einen ein Zentimeter breiten Rand aussparen. Die Tomaten auf dem Pesto verteilen, diesmal mit der Schale nach unten, mit etwas Olivenöl beträufeln und 20 Minuten im Ofen backen. Der Teig sollte goldbraun und schön aufgegangen sein. Den Rucola waschen und schleudern. Mit einem Sparschäler den Parmesan in Späne hobeln. Rucola und Parmesanspäne über der fertigen Quiche verteilen, Olivenöl darüberträufeln und etwas Fleur de Sel und mehrere Umdrehungen Pfeffer aus der Mühle darüberstreuen. Sofort servieren.

Sie können die Tomaten im Voraus zubereiten und die Quiche erst im letzten Augenblick backen. Den Teig aber erst direkt vor dem Backen belegen, damit er knusprig bleibt.

Knusprige Quiche mit gebackenen Tomaten

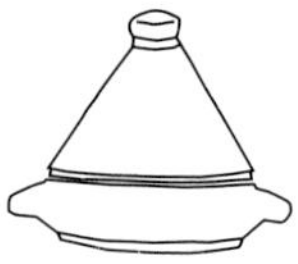

Rinderschmortopf mit Möhren

Für 6 Personen
Zubereitung: 15 Minuten
Garzeit: 4 Stunden
Möhren, Winter

1,2 kg mageres Schulterstück vom Rind
1,2 kg süße Möhren
3 schöne Schalotten, geschält
2 EL Kräuter der Provence
1 EL Zucker
1 EL grobes Salz
1 EL schwarze Pfefferkörner
1 kg rotschalige Kartoffeln, festkochend, geschält

Das Rindfleisch vom Metzger in große Würfel schneiden lassen. Die Möhren schälen und in gleich große Stücke schneiden. Das Fleisch, von den Möhren und Schalotten bedeckt, in einen Schmortopf geben. Mit Kräutern der Provence, Zucker, Salz und Pfeffer bestreuen. So viel Wasser aufgießen, dass alles drei Viertel hoch mit Wasser bedeckt ist, und zum Kochen bringen. Sobald es kocht, den Herd auf kleinste Stufe schalten, den Topf zudecken und alles 4 Stunden garen. 1 Stunde vor Garzeitende die Kartoffeln 20 Minuten im Dampf garen und danach zu dem Fleisch in den Schmortopf geben. Den Topf wieder gut verschließen.

Damit das Fleisch nicht austrocknet, sollte der Topf möglichst dicht verschlossen sein: zerknitterte Alufolie um den Deckelrand schlagen. So schmeckt das Gericht noch köstlicher: eine oder zwei kandierte Zitronen oder die Schale einer unbehandelten Orange in großen Stücken von Anfang an dazugeben.

Mère Clems Knoblauchhähnchen

Für 4 Personen
Zubereitung: 15 Minuten
Garzeit: 1 Stunde
Knoblauch, Sommer

1 Hähnchen aus Freilandhaltung (etwa 1,4 kg)
Salz, Pfeffer
15 Knoblauchzehen, ungeschält
3 EL Fenchelsamen
½ Glas Pastis
Olivenöl

Den Backofen auf 200 °C vorheizen. Das Hähnchen innen mit Salz und Pfeffer würzen und drei Knoblauchzehen und einen Esslöffel Fenchelsamen hineingeben. Das Hähnchen auf ein Backblech setzen und mit dem Pastis begießen. Die restlichen Knoblauchzehen drum herum verteilen und mit den Fenchelsamen bestreuen. Mit etwas Olivenöl beträufeln, salzen und pfeffern. Das Hähnchen 1 Stunde im Ofen braten, dabei von Zeit zu Zeit mit dem eigenen Bratensaft begießen.

Vor dem Tranchieren lässt man das Hähnchen am besten 10 Minuten im ausgeschalteten Backofen ruhen. Als Beilage passt Basmatireis oder Kartoffelpüree.

Kalbs-Tajine mit Dicken Bohnen

Für 6 Personen
Zubereitung: 30 Minuten
Garzeit: 3 Stunden
Dicke Bohnen, Frühling

2 kg frische Dicke Bohnen
1,2 kg Kalbfleisch zum Braten
Salz, Pfeffer
2 Zwiebeln, fein geschnitten
2 unbehandelte Zitronen, geviertelt
1 EL gemahlener Ingwer
2 EL gemahlener Kreuzkümmel
1 Döschen gemahlener Safran
Olivenöl
½ Bund Koriandergrün, fein geschnitten

Die Bohnen enthülsen und 30 Sekunden in kochendem Wasser blanchieren. Abkühlen lassen und die äußere Haut entfernen. (Mit einem spitzen Messer in die Haut stechen und die Bohne zwischen Daumen und Zeigefinger aus der Haut drücken.) Das Fleisch in große Würfel schneiden und in eine große Pfanne geben (oder in eine Tajine), mit kaltem Wasser bedecken, salzen, pfeffern und zum Kochen bringen. Die Hitze reduzieren, entstehenden Schaum abschöpfen und Zwiebeln, Zitronenviertel, Ingwer, Kreuzkümmel und Safran dazugeben. Bei schwacher Hitze zugedeckt 1½ Stunden köcheln lassen, danach noch einmal 1½ Stunden ohne Deckel. Die Dicken Bohnen 10 Minuten vor dem Ende der Garzeit dazugeben. Einen Schuss Olivenöl dazugeben, abschmecken und sofort mit fein geschnittenem Koriandergrün bestreut servieren.

Auberginen-Rindfleisch-Gratin

Für 4 Personen
Zubereitung: 30 Minuten
Garzeit: 40 Minuten
Auberginen, Sommer

2 Zwiebeln
400 g Schulterstück vom Rind, gekocht
Olivenöl
1 EL gemahlener Ingwer
2 EL fein geschnittenes Koriandergrün
Salz, Pfeffer
2 Tomaten
1 Aubergine

Den Backofen auf 150 °C vorheizen. Die Zwiebeln schälen und vierteln. Das Fleisch in dünne Scheiben schneiden und in einer Pfanne in Olivenöl mit dem Ingwer, den Zwiebeln und dem Koriandergrün bei schwacher Hitze anbraten. Salzen und pfeffern.
Die Tomaten und die Aubergine waschen und in dünne Scheiben schneiden. Das Fleisch in eine mit Öl eingefettete Auflaufform geben. Darauf die Hälfte der Auberginenscheiben in einer Schicht verteilen, darauf die Tomaten legen und mit einer Lage Auberginen enden. Salzen, pfeffern und mit Olivenöl beträufeln. Das Gratin im Ofen 30 Minuten backen.

Sie können das Gratin auch mit Fleischresten von einem Rindfleischeintopf zubereiten. Die Bouillon des Eintopfs würzen Sie mit Kräutern oder Gewürzen und geben etwas davon auf das Gratin, bevor es in den Backofen kommt. Sie können die Bouillon auch zu dem Auflauf dazu servieren. Zum Würzen eignen sich Koriander, Paprikapulver, Ingwer, Zitronenkraut ... Man kann eigentlich alles nehmen – in kleinen Mengen!

Auberginen-Rindfleisch-Gratin

Quinoa mit Gemüse

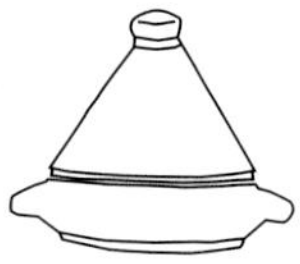

Quinoa mit Gemüse

Für 6 Personen
Zubereitung: 20 Minuten
Garzeit: 35 Minuten
Zucchini, Sommer

50 g helle Rosinen
350 g Quinoa
25 g Butter
1 Bouquet garni (Petersilie, Thymian, Lorbeer)
2 TL gemahlener Kreuzkümmel
1 TL edelsüßes Paprikapulver
6 Möhren
3 milde Zwiebeln
3 Süßkartoffeln (Bataten)
3 kleine, feste Zucchini
1 kleine Dose Kichererbsen
Fleur de Sel, Pfeffer
4 EL fein geschnittenes Koriandergrün
½ kandierte Zitrone, sehr fein geschnitten

Die Rosinen in lauwarmem Wasser quellen lassen. Die Quinoa 15 Minuten in 700 Milliliter kochendem Salzwasser kochen, mit der Butter mischen und ausquellen lassen. In einem großen Topf mit etwas Salzwasser das Bouquet garni, den Kreuzkümmel und das Paprikapulver zum Kochen bringen. Das Gemüse waschen und schälen (Zucchini nicht schälen); die Möhren in Scheiben schneiden, die Zwiebeln vierteln, die Süßkartoffeln und Zucchini in große Würfel schneiden. Zuerst die Möhren und Zwiebeln in dem Topf 10 Minuten kochen, dann die Kichererbsen, Süßkartoffeln und Zucchini dazugeben und 10 Minuten bei schwacher Hitze kochen; abschmecken. Die Quinoa mit den abgetropften Rosinen in eine flache Schale geben. Das Gemüse darüber verteilen und mit der Brühe begießen. Mit dem Koriandergrün und der Zitrone bestreuen.

Frühlings-Couscous

Für 4 Personen
Zubereitung: 20 Minuten
Garzeit: 15 Minuten

300 g feiner Couscous
1 TL feines Salz
150 g frische grüne Erbsen, enthülst
150 g grüne Spargelspitzen
150 g Dicke Bohnen, enthülst und geschält
20 g Butter
3 EL Arganöl

Den Couscous mit dem Salz und einem halben Liter kochendem Wasser zugedeckt 5 Minuten in der Mikrowelle garen. Dann mit einer Gabel auflockern und die Butter unterziehen. Die Erbsen und den Spargel 7 Minuten, die Dicken Bohnen 3 Minuten in kochendem Salzwasser garen; unter den Couscous heben und mit Arganöl beträufeln.

Couscous mit Wurzelgemüse

Für 6 Personen
Zubereitung: 30 Minuten
Garzeit: 2½ Stunden
Wurzelgemüse, Herbst

200 g getrocknete Kichererbsen
1 kg mittelgrober Couscous
1,5 kg Lammschulter, in Stücke geschnitten
4 Zwiebeln, gehackt
1 Bund Koriandergrün, fein geschnitten
2 EL fein geschnittene Petersilie
½ TL Kurkuma
1 Prise Safranfäden
Olivenöl, Salz, Pfeffer
6 kleine Pastinaken
6 Topinambur
6 kleine weiße Rüben
6 kleine Möhren
1 Butternusskürbis (etwa 800 g)

Die Kichererbsen über Nacht in kaltem Wasser einweichen. Den Couscous waschen und abtropfen lassen. In einem Couscoustopf oder in einem Topf mit Dämpfeinsatz das Fleisch mit den Zwiebeln, dem Koriander, der Petersilie und den Gewürzen in Olivenöl 20 Minuten anbraten, dabei ständig rühren. Salzen und pfeffern. Mit 750 Millilitern kochendem Wasser aufgießen und weitere 40 Minuten bei schwacher Hitze garen. Nun alle geschälten und in dicke Stücke geschnittenen Gemüse in den Topf geben, den Couscous in den oberen Teil des Couscoustopfes oder in den Dämpfeinsatz füllen und 1 Stunde kochen. Anschließend den Couscous in einer Schüssel mit der Hand oder einer Gabel behutsam auflockern und einen Esslöffel Olivenöl, Salz und etwas kaltes Wasser untermischen. Den Coucous erneut oben in den Couscoustopf oder in den Dämpfeinsatz geben und weitere 30 Minuten bei schwacher Hitze garen, dann in eine große Schale füllen, die Brühe darübergießen und Gemüse und Fleisch darauf verteilen.

Nudeln mit Zucchinicreme und Safran

Für 6 Personen
Zubereitung: 10 Minuten
Garzeit: 20 Minuten
Zucchini, Sommer

1 Prise Safranfäden
3 feste Zucchini
1 Würfel Instant-Hühnerbrühe
Salz, Pfeffer
Olivenöl
300 g Sahne
50 g Parmesan, frisch gerieben
500 g Penne

Den Safran in einem kleinen Glas Wasser auflösen. Die Zucchini waschen, in Stücke schneiden, mit dem Brühwürfel in kochendes Wasser geben und 10 Minuten garen. Abgießen und abtropfen lassen.
In einem Topf mit schwerem Boden Salzwasser mit zwei Esslöffeln Olivenöl zum Kochen bringen. Die Zucchini mit der Sahne, dem Parmesan und dem Safranwasser pürieren, in eine sehr große Bratpfanne geben, ein wenig salzen und großzügig pfeffern und bei schwacher Hitze köcheln lassen. Die Nudeln in das kochende Salzwasser geben und 2 Minuten kürzer als auf der Packung angegeben kochen. Zwei Schöpflöffel Nudelkochwasser unter die Zucchinicreme rühren, dann die kurz abgetropften Penne dazugeben. Umrühren und noch 2 Minuten auf dem Herd garen, damit die Nudeln „al dente" sind. Sofort servieren.

Nudeln mit Zucchinicreme und Safran

Tans Fenchelnudeln

Für 4 Personen
Zubereitung: 20 Minuten
Garzeit: 30 Minuten
Fenchel, Herbst

2 große Fenchel (oder 3 kleine)
Etwa 6 EL Olivenöl
Pfeffer
1 Handvoll Rosinen
15 Sardellenfilets
1 Knoblauchzehe, in dünne Scheiben geschnitten
500 g Spaghetti
3–4 EL Semmelbrösel

Die Fenchelknollen putzen und in dünne Scheiben schneiden. Etwas Öl bei niedriger Temperatur in einer Pfanne erhitzen, den Fenchel hineingeben, nicht salzen (die Sardellen sind salzig genug), aber pfeffern. Mit einer eingeölten Alufolie abdecken und 20 Minuten schwitzen lassen, dabei von Zeit zu Zeit umrühren. Nach der Hälfte der Garzeit die Rosinen dazugeben. In einer großen Schüssel 3–4 Esslöffel Olivenöl mit den Sardellenfilets und dem Knoblauch vermischen. Die Spaghetti in einem großen Topf in sprudelnd kochendem Salzwasser garen. Kurz vor dem Servieren die Semmelbrösel und das Fenchelgemüse in die Schüssel füllen. Die Nudeln abgießen und dazugeben. Mit einigen Umdrehungen Pfeffer aus der Mühle würzen und alles vermengen. Sofort genießen!

Die Semmelbrösel können Sie ganz nach Belieben dazugeben, aber sie verleihen diesem Rezept eine besondere Note. Vielen Dank, Tan!

TAN'S

Mein Risotto mit frischen Steinpilzen

Mein Risotto

Für 6 Personen
Zubereitung: 20 Minuten
Garzeit: 50 Minuten

1 Zwiebel, fein gewürfelt
2 EL Olivenöl
400 g Arborioreis
1 Glas trockener Weißwein
1,5 l Hühnerbrühe, gefiltert

Die Zwiebel bei schwacher Hitze im Olivenöl anschwitzen. Nach 10 Minuten den Reis unterrühren. Die Hitze sollte nicht zu stark sein, damit der Reis nicht anbrennt. Den Weißwein angießen und verdampfen lassen. Dann die Brühe dazugießen und den Reis zugedeckt bei schwacher Hitze 12 Minuten köcheln lassen. Nun den Risotto nach einem der folgenden Rezepte fertigstellen.

... mit Frühlingsgemüse

Grüne Erbsen, Frühling

80 g Butter
400 g frische grüne Erbsen, enthülst
1 Lorbeerblatt
Fleur de Sel, Pfeffer
1 feste Zucchini
1 Bund Wildspargel, nur die Spitzen
100 g Parmesan, frisch gerieben
Olivenöl
½ Bund glatte Petersilie, fein geschnitten

Etwas Butter in einem Schmortopf zerlassen, die Erbsen und das Lorbeerblatt dazugeben, 100 Milliliter Wasser angießen, salzen und pfeffern. Zum Kochen bringen, die Hitze reduzieren und zugedeckt 10 Minuten köcheln. Die gewürfelte Zucchini dazugeben und 15 Minuten garen. 1 Minute vor Kochzeitende die Spargelspitzen dazugeben. Das Gemüse abgießen und warm stellen. Den Risotto nach Grundrezept zubereiten. Nach 12 Minuten Garzeit das Gemüse dazugeben und den Risotto weitere 3 Minuten garen. Dann die restliche Butter und den Parmesan daraufgeben, aber nicht unterrühren. Den Herd ausschalten und den Risotto zugedeckt 2 Minuten ruhen lassen. Alles kurz mischen und sofort servieren, beträufelt mit Olivenöl und bestreut mit frischer Petersilie.

... mit frischen Steinpilzen

Steinpilze, Sommer

1 kg frische Steinpilze
Olivenöl
80 g Butter
100 g Parmesan, frisch gerieben
Fleur de Sel, Pfeffer

Die Steinpilze säubern, in Stücke schneiden und in etwas Olivenöl anbraten. Ist die Flüssigkeit verdampft, die Pilze kurz goldbraun braten, dann warm stellen. Den Risotto nach Grundrezept zubereiten, dann die Steinpilze dazugeben und 3 Minuten mit dem Reis garen. Zum Schluss die Butter und den Parmesan über dem Reis verteilen, den Herd ausschalten und den Risotto zugedeckt 2 Minuten ruhen lassen. Alles kurz und gründlich vermengen, salzen und pfeffern. Vor dem Servieren mit Olivenöl beträufeln.

... mit Tomaten

Tomaten, Sommer

1 Stange Sellerie, in Stücke geschnitten
1 Möhre, klein gewürfelt
Olivenöl
1 kg Eiertomaten (vorzugsweise die Sorte Roma)
1 Bund Basilikum
Fleur de Sel, Pfeffer
120 g Parmesan, frisch gerieben
80 g Butter
50 g Mascarpone

Sellerie und Möhre bei schwacher Hitze in einem Esslöffel Olivenöl anbraten. Die grob geschnittenen Tomaten, das Basilikum, Salz und Pfeffer dazugeben und 15 Minuten bei starker Hitze ohne Deckel kochen, dabei häufig umrühren. Durch ein Passiersieb streichen. Den Risotto nach Grundrezept zubereiten, aber nur 6 Minuten bei schwacher Hitze kochen. Das Tomatenpüree dazugeben und den Risotto zugedeckt noch 10 Minuten garen. Die Butter auf den Reis geben, den Parmesan darüberstreuen und beides mit dem Mascarpone unterziehen. Den Herd ausschalten und den Risotto zugedeckt 2 Minuten ruhen lassen. Abschmecken und sofort servieren.

Karamellisierter Rotkohl mit Esskastanien

Für 4 Personen
Zubereitung: 15 Minuten
Garzeit: 1 Stunde 40 Minuten
Marinierzeit: 12 Stunden
Rotkohl, Winter

½ Rotkohl
2 EL Zucker
100 ml Rotwein
50 g Butter
1 große Zwiebel, gewürfelt
200 g Esskastanien, gekocht
3 EL Ahornsirup
½ TL gemahlener Ingwer
½ TL frisch geriebene Muskatnuss
½ TL gemahlener Kreuzkümmel
Salz, Pfeffer

Am Vorabend den Kohl vom harten Strunk in der Mitte befreien und in feine Streifen schneiden; waschen und trocken schleudern. In eine Schale geben, mit dem Zucker bestreuen, mit Rotwein begießen, kühl stellen und 12 Stunden marinieren. Am Tag darauf die Butter in einem Schmortopf zerlassen, die Zwiebel hineingeben und bei mittlerer Hitze 10 Minuten anschwitzen. Kohl, Kastanien, Ahornsirup und Gewürze dazugeben, salzen und pfeffern. Zum Kochen bringen und 1½ Stunden bei schwacher Hitze unter häufigem Rühren köcheln lassen.

Karamellisierter Rotkohl mit Esskastanien

ASPERGES D'AN OU - 1 KG

Knackiges Gemüse

Rohe Zucchini mit Parmesan

Rohe Zucchini mit Parmesan

Für 4 Personen
Zubereitung: 10 Minuten
Zucchini, Sommer

2 feste Zucchini
25 g Pinienkerne, goldbraun geröstet
1 kleines Stück Parmesan (etwa 25 g)
Saft von ½ Zitrone
Olivenöl
Fleur de Sel, Pfeffer
⅓ Bund Schnittlauch, fein geschnitten

Die Zucchini gut waschen, abtrocknen und in sehr dünne Scheiben schneiden. Mit den Pinienkernen und dem (mit einem Sparschäler) in Späne gehobelten Parmesan in eine Schüssel geben. Zitronensaft (nicht alles nehmen) und drei bis vier Esslöffel Olivenöl darübergießen. Mit Fleur de Sel und mehreren Umdrehungen Pfeffer aus der Mühle würzen. Den fein geschnittenen Schnittlauch dazugeben und unterheben. Den Salat abschmecken und nach Belieben noch etwas Zitronensaft untermischen. Möglichst 1 Stunde vor dem Servieren kalt stellen.

Rote-Bete-Würfel mit Kreuzkümmel

Für 6 Personen
Zubereitung: 10 Minuten
Rote Bete, Herbst

4 Rote Bete, gekocht
2 EL Branntweinessig
1 Knoblauchzehe, zerdrückt
2 TL Kreuzkümmel
2 TL edelsüßes Paprikapulver
2 EL Erdnussöl
Fleur de Sel, Pfeffer

Die Roten Beten schälen und in kleine Würfel schneiden. In einer Schale das Dressing aus Essig, Knoblauch, Kreuzkümmel, Paprikapulver und Öl zubereiten. Leicht salzen und pfeffern. Über die Rote Bete gießen und abschmecken. Vor dem Servieren im Kühlschrank kalt werden lassen.

Knackiges Gemüse mit Aïoli

Für 6 Personen
Zubereitung: 40 Minuten
Sommer

3 Möhren
1 Fenchel
1 Bund Radieschen
1 feste Zucchini
1 Minigurke
6 Knoblauchzehen
1 Prise Salz
250 ml Olivenöl
1 Eigelb
Pfeffer
1 TL Zitronensaft (oder mehr)

Das Gemüse zubereiten: waschen, die Möhren schälen, vom Fenchel den Strunk und die Stiele entfernen, Stiele und Wurzeln von den Radieschen abschneiden, die Enden von der Zucchini und Gurke kappen und das Gemüse in Stifte schneiden – die Radieschen ganz lassen. Die Knoblauchzehen schälen, vom Keim befreien und mit dem Salz in einem Mörser zerstoßen. Nach und nach etwas Olivenöl unterarbeiten. Sobald die Mischung glatt ist, in eine Schüssel füllen, das Eigelb hineingeben und mit dem Schneebesen verquirlen, dann unter ständigem Schlagen allmählich das restliche Olivenöl unterarbeiten. Sobald die Aïoli schön fest ist (wie eine Mayonnaise), abschmecken und Zitronensaft dazugeben. Mit dem knackigen Gemüse servieren.

Die Aïoli schmeckt auch sehr gut zu bissfest gekochtem Gemüse und als Beilage zu Fisch oder kaltem Fleisch.

Maries Avocado-Artischocken-Carpaccio

CH X Z

Gemüsesalat

Für 4 Personen
Zubereitung: 30 Minuten
Tomaten, Sommer

1 gelbe oder orangefarbene Paprikaschote
4 schöne, feste Tomaten
1/2 feste Zucchini
1 Handvoll Sojasprossen
Saft von 1/2 Zitrone
Olivenöl
Einige Tropfen Tabascosauce
Fleur de Sel, Pfeffer
1 EL fein geschnittene Minze
2 Frühlingszwiebeln, in feine Ringe geschnitten

Die Paprikaschote unter dem Backofengrill rösten, bis sie rundherum schwarz ist, dann zum Abkühlen in einen Gefrierbeutel geben. Die Tomaten 30 Sekunden in kochendes Wasser legen, dann in eiskaltem Wasser abschrecken. Enthäuten, vierteln, Samen entfernen und das Fruchtfleisch in kleine Würfel schneiden. Die Zucchini gut waschen und klein würfeln. Die Sojasprossen waschen und in kleine Stücke schneiden. Das Dressing zubereiten: in ein Marmeladenglas den Zitronensaft, fünf Esslöffel Olivenöl, einige Tropfen Tabascosauce sowie etwas Salz und Pfeffer geben, verschließen und gut durchschütteln; fertig.
Das klein geschnittene Gemüse mit der Minze und den Frühlingszwiebeln mischen, das Dressing darübergießen und unterheben. Den Gemüsesalat auf vier Teller oder Schalen verteilen, mit Fleur de Sel bestreuen und mit einer Umdrehung Pfeffer aus der Mühle würzen. Sofort servieren.

Sie können das Gemüse im Voraus schneiden und kalt stellen. Minze und Dressing sollten Sie aber erst im letzten Augenblick darübergeben.

Maries Avocado-Artischocken-Carpaccio

Für 4 Personen
Zubereitung: 20 Minuten
Artischocken, Frühling

6 Babyartischocken
Saft von 1 Zitrone
2 reife, aber noch feste Avocados
4 EL Olivenöl
Fleur de Sel, Pfeffer
1 großes Stück Parmesan (etwa 100 g)

Die Artischocken in sehr dünne Scheiben schneiden und mit etwas Zitronensaft beträufeln. Die Avocados halbieren, entsteinen, schälen und in dünne Scheiben schneiden. Ebenfalls mit Zitronensaft beträufeln. Beides dekorativ auf Serviertellern anrichten. Das Olivenöl darübergeben, salzen und pfeffern. Den Parmesan mit einem Sparschäler in Späne hobeln und auf dem Carpaccio verteilen. Sofort essen.

Dieses Rezept sollte man im letzten Augenblick zubereiten, denn sowohl Artischocken als auch Avocados laufen sehr schnell dunkel an und sehen dann nicht mehr appetitlich aus.

Roher Pastinakensalat

Für 4 Personen
Zubereitung: 10 Minuten
Pastinaken, Frühling

400 g Pastinaken
1 EL Weinessig
2 EL Sesamöl
2 EL Olivenöl
Fleur de Sel, Pfeffer
1 EL Sesam, goldbraun geröstet

Die Pastinaken schälen und raspeln (wie Möhren). Aus dem Essig, Sesam- und Olivenöl, ein wenig Salz und Pfeffer eine Vinaigrette zubereiten. Über die Pastinaken gießen, gut vermischen und mit dem Sesam bestreuen. Vor dem Servieren noch etwas Fleur de Sel und eine Umdrehung Pfeffer aus der Mühle darübergeben.

Sojahähnchen aus dem Wok

Für 4 Personen
Zubereitung: 15 Minuten
Garzeit: 30 Minuten
Sojasprossen, Herbst

500 g Sojasprossen
4 Hähnchenbrustfilets von Freilandhähnchen
Olivenöl
1 Knoblauchzehe, zerdrückt
1 cm frischer Ingwer, geraspelt
1 Schalotte
2 Frühlingszwiebeln, in feine Ringe geschnitten
2 EL Kokosmilch
2 EL Sojasauce
Salz, Pfeffer
½ Bund Koriandergrün, fein geschnitten

Die Sojasprossen waschen und abtropfen lassen. Das Fleisch in Stücke schneiden und in einem leicht eingeölten heißen Wok 5–10 Minuten anbraten. Es muss rundherum goldbraun sein. Knoblauch, Ingwer, Schalotte und Frühlingszwiebeln dazugeben. Bei schwacher Hitze unter ständigem Rühren 10 Minuten braten. Sojasprossen und Kokosmilch dazugeben und weitere 10 Minuten unter häufigem Rühren garen, dann die Sojasauce hineingeben. Vermischen, abschmecken, den Koriander darüberstreuen und sofort servieren.

Knusprige Spinat-Feta-Ecken

Für 12 Stück
Zubereitung: 40 Minuten
Garzeit: 20 Minuten
Spinat, Frühling

250 g frischer Spinat
3 EL Olivenöl
2 Frühlingszwiebeln, in feine Ringe geschnitten
250 g Feta
2 EL fein geschnittene Minze
Pfeffer
20 g Butter
6 Blätter Filoteig

Den Spinat verlesen und alle Wurzeln sowie beschädigte Blätter wegwerfen; dann waschen und abtropfen lassen. In einer Pfanne das Olivenöl erhitzen und die Frühlingszwiebeln darin anbraten. Den Spinat dazugeben, bei starker Hitze unter häufigem Rühren zusammenfallen und leicht abkühlen lassen. Alles überschüssige Wasser herausdrücken und den Spinat grob hacken. In einer Schüssel den Spinat mit dem zerkrümelten Feta und der fein geschnittenen Minze verrühren. Pfeffern. Die Butter zerlassen. Die Filoteigblätter halbieren, mit der geschmolzenen Butter bestreichen und in die Mitte eines jeden Teigblatts etwas von der Spinat-Käse-Füllung setzen, dann zu einem Dreieck falten. (Auf der Filoteigpackung wird das Falten im Allgemeinen gut erklärt.) Die Pfanne mit Küchenpapier auswischen. Einen Esslöffel Olivenöl darin erhitzen und die Teigtaschen 2 Minuten auf jeder Seite goldbraun braten. Wenn nötig, ein wenig Öl nachgießen. Die Spinat-Feta-Ecken auf Küchenpapier entfetten und mit einem würzigen Salat servieren.

Auf keinen Fall salzen! Wer möchte, kann den Feta durch Ziegenfrischkäse ersetzen und etwas Honig dazugeben ...

Knusprige Spinat-Feta-Ecken

Zucchini-Ziegenkäse-Taschen mit Kreuzkümmel

Für 12 Stück
Zubereitung: 25 Minuten
Garzeit: 5 Minuten
Zucchini, Sommer

1–2 nicht zu große Zucchini
250 g Ziegenfrischkäse
1½ TL gemahlener Kreuzkümmel
Olivenöl
Salz, Pfeffer
6 Blätter Filoteig
20 g Butter, zerlassen
1 EL Sojasauce
1 EL flüssiger Honig

Die Zucchini waschen und in feine Scheiben schneiden. Den Ziegenkäse mit dem Kreuzkümmel und einem Esslöffel Olivenöl zerdrücken, pfeffern. Die Filoteigblätter halbieren und mit der Butter bestreichen. In die Mitte einer jeden Teighälfte etwas vom zerdrückten Ziegenkäse und einige Zucchinischeiben geben und den Teig zu einer Tasche falten. (Anweisungen auf der Rückseite der Teigpackung befolgen.) Einen Esslöffel Olivenöl in einer Pfanne erhitzen und die Taschen darin auf jeder Seite 2 Minuten goldbraun braten. Wenn nötig, Öl nachgießen. Die Taschen auf Küchenpapier entfetten und mit einer Sauce, für die zwei Esslöffel Olivenöl mit der Sojasauce, dem Honig, Salz und Pfeffer vermischt werden, servieren.

Zucchini-Ziegenkäse-Taschen mit Kreuzkümmel

Bratkartoffeln

Für 4 Personen
Zubereitung: 15 Minuten
Garzeit: 25 Minuten
Kartoffeln, Winter

800 g Kartoffeln, festkochend
100 ml Olivenöl
1 Lorbeerblatt
3 Zweige Thymian
Fleur de Sel, Pfeffer

Die Kartoffeln schälen und in mindestens drei Millimeter dicke, aber nicht zu dicke Scheiben schneiden. Waschen und gründlich trocken tupfen. Das Olivenöl in einer sehr großen Pfanne erhitzen. Wenn es sehr heiß ist, die Kartoffeln hineingeben und 5 Minuten unter Rühren mit einem Holzlöffel anbraten. Das Lorbeerblatt und den Thymian dazugeben und weitere 20 Minuten bei schwacher Hitze braten, dabei gelegentlich wenden, damit die Kartoffeln auf beiden Seiten goldbraun werden. Mit der Messerspitze prüfen, ob sie gar sind. Auf Küchenpapier entfetten, mit Fleur de Sel und Pfeffer würzen und sofort verzehren.

Pilzpfanne

Für 6 Personen
Zubereitung: 15 Minuten
Garzeit: 25 Minuten
Pilze, Herbst

1,2 kg kleine Pilze der Saison (Pfifferlinge, Herbsttrompeten ...)
1 EL Olivenöl
2 Knoblauchzehen, gehackt
Fleur de Sel, Pfeffer
50 g Butter
3 EL gehackte glatte Petersilie

Nach dem Entfernen der erdigen Stielenden die Pilze mit einem feuchten Tuch abwischen. Das Öl in einer großen Pfanne erhitzen, die Pilze, den Knoblauch sowie Salz und Pfeffer hineingeben und 15–20 Minuten braten. Nun die Pilze so lange wie möglich abtropfen lassen (eine ganze Nacht, wenn möglich). Eine große Pfanne erhitzen. Wenn sie beinahe raucht, die Pilze hineingeben und ungefähr 2 Minuten goldbraun braten, dabei von Zeit zu Zeit die Pfanne rütteln. Die Hitze reduzieren, die Butter dazugeben und alles behutsam mischen. Abschmecken und vor dem Servieren mit Petersilie bestreuen.

Einige Pilze benötigen mehr Zeit zum Garen. Das ist der Fall bei Steinpilzen, Morcheln, Pfifferlingen, Champignons ... Anderen sieht man dagegen an, dass sie zart und fein sind. (Ich meine damit solche wie Herbsttrompete oder Mairitterling.) Sie kommen daher erst am Ende der Garzeit in die Pfanne.

Knackiger Brokkoli in Olivenöl

Für 4 Personen
Zubereitung: 5 Minuten
Garzeit: 5 Minuten
Brokkoli, Winter

2 kleine Brokkoli
1 EL Essig zum Säubern
Olivenöl
1 Stück Parmesan (etwa 50 g)
Fleur de Sel, Pfeffer

Die Brokkolistiele abschneiden, die Blüte in Röschen zerteilen und in kaltem Essigwasser waschen, um alle Insekten zu entfernen. Die Röschen 5 Minuten im Dampf garen. Mit Olivenöl beträufeln und mit Parmesanspänen (mit einem Sparschäler abhobeln) garnieren. Mit Fleur de Sel und Pfeffer bestreuen und schnell genießen.

Knackiger Brokkoli in Olivenöl

Gemüsechips

Gemüsechips

Ergibt viele Chips
Zubereitung: 5 Minuten
Garzeit: etwa 20 Minuten
Herbst

1 Rote Bete
1 schwarzer Rettich
2 Pastinaken
2 Möhren
Öl zum Frittieren
Fleur de Sel

Die Fritteuse (oder viel Öl in einem tiefen Topf mit schwerem Boden) erhitzen. Das Gemüse waschen und abtrocknen. Mit einem Gemüsehobel in sehr feine Scheiben schneiden. (Beim Frittieren werden sie noch dünner.) Die Gemüsesorten nacheinander frittieren (das sollte pro Portion 2 Minuten dauern). Vorsicht, das Öl könnte spritzen und zu Verbrennungen führen! Ist das Öl zu heiß, die Temperatur reduzieren, bevor die nächste Gemüseportion hineinkommt. Die Chips auf Küchenpapier abkühlen lassen und in Alufolie oder in einer verschlossenen Metallschüssel aufbewahren, damit sie knusprig bleiben. Direkt vor dem Servieren mit Fleur de Sel bestreuen.

Zum Aperitif knabbern. Die Chips können auch zu einer Gemüsesuppe (zum Beispiel Blumenkohl) oder einem Fischcarpaccio serviert werden.

Pfannkuchen mit Süßkartoffeln

Für 4 Personen
Zubereitung: 25 Minuten
Garzeit: 20 Minuten
Süßkartoffeln, Winter

750 g Süßkartoffeln (Bataten)
2 Eier
2 EL Mehl
50 g Parmesan, frisch gerieben
Fleur de Sel, Pfeffer
Öl zum Braten

Die Süßkartoffeln schälen und raspeln. In einer Schüssel mit den Eiern, dem Mehl und dem Parmesan verrühren. Mit mehreren Umdrehungen Pfeffer aus der Mühle würzen und salzen. Den Boden einer Bratpfanne mit Öl bedecken und dieses bei mittlerer Hitze erwärmen. Einige Löffel der Süßkartoffelmasse in die Pfanne geben, etwas flach drücken und auf jeder Seite 2 Minuten braten. Die Pfannkuchen sollten goldbraun und knusprig sein. Auf Küchenpapier entfetten. Vor dem Servieren mit einer Umdrehung Pfeffer aus der Mühle und mit Fleur de Sel würzen. Zu gegrilltem Fleisch oder mit Olivenöl und Zitrone gewürztem Rucola servieren.

Bevorzugen Sie Süßkartoffeln mit orangefarbener Schale, sie schmecken besser.

Gemüsebeignets

Für 8 Personen
Zubereitung: 15 Minuten
Garzeit: 20 Minuten
Zucchini und Zucchiniblüten, Sommer

200 g Mehl
200 g Speisestärke
8 g Backpulver
400 ml Vollmilch
Salz, Pfeffer
500 g Miniauberginen (schwarze oder weiße), Zucchini und Zucchiniblüten
Öl zum Frittieren

Mehl, Speisestärke und Backpulver mischen und unter ständigem Rühren die Milch einrühren, sodass ein glatter Teig entsteht. Salzen, pfeffern und 20 Minuten ruhen lassen. Das Gemüse waschen und abtrocknen. Zucchini und Auberginen in fünf Millimeter dicke Scheiben schneiden. Das Öl auf 180 °C erhitzen. Das Gemüse in den Teig tauchen und in 3–4 Minuten goldbraun frittieren. Auf Küchenpapier entfetten und sofort mit Zitronen- oder Limettenvierteln servieren.

Frittierte Kürbisstäbchen

Für 6 Personen
Zubereitung: 15 Minuten
Garzeit: 3 Minuten
Kürbis, Winter

1 kg Kürbis (Riesen-, Muskat- oder Butternusskürbis)
1 l Erdnussöl
Fleur de Sel, Pfeffer

Den Kürbis schälen, von den Kernen befreien und das Fruchtfleisch erst in dicke Scheiben, dann in Stäbchen schneiden. Das Öl auf 160 °C erhitzen. Sobald es heiß ist, die Kürbisstäbchen portionsweise hineingeben und 3 Minuten frittieren. Zum Entfetten auf Küchenpapier geben. Kurz vor dem Servieren noch einmal 1 Minute in das heiße Fett geben und auf Küchenpapier kurz abtropfen lassen. Mit Fleur de Sel und Pfeffer würzen und sofort genießen.

Dip-Saucen für die Beignets

Kräuterquark
4 EL Quark +
einige Blätter Koriandergrün, Basilikum, Estragon, fein geschnittener Schnittlauch
+ Salz + Pfeffer

Thailändische Sauce
1 EL Reisessig +
1 EL Sojasauce +
1½ EL Fischsauce (nuoc mâm)
+ ½ TL Chilisauce + 1 EL Sesamöl
+ 1 TL feiner Zucker

Erdnusssauce
4 EL Erdnussbutter + 1 EL Sojasauce
+ 2 EL Sahne + 1 TL geraspelter Ingwer
+ 1 zerdrückte Knoblauchzehe
+ 3 EL Erdnussöl + 3 EL Weißweinessig
+ mehrere Umdrehungen Pfeffer aus der Mühle

Gemüse-Tempura

Für 8 Personen
Zubereitung: 15 Minuten
Garzeit: 20 Minuten
Sommer

2 Eigelb
1 Tasse Mehl
Salz, Pfeffer
500 g Gemüse (Miniauberginen, Zucchini, Zucchiniblüten, rote Paprikaschoten, Möhren ...)
Öl zum Frittieren

Die Eigelbe mit zwei Tassen eiskaltem Wasser verquirlen. Mit einem Schneebesen das Mehl unterschlagen; der Teig sollte nicht zu flüssig sein, und es müssen sich kleine Blasen bilden. Mit Salz und Pfeffer würzen. Das Gemüse waschen, trocken tupfen und in Scheiben oder Stifte schneiden. Die Zucchiniblüten ganz lassen. Das Öl auf 180 °C erhitzen. Das Gemüse in den Teig tauchen und portionsweise in 3–4 Minuten goldbraun frittieren. Auf Küchenpapier entfetten und mit Zitronenvierteln servieren.

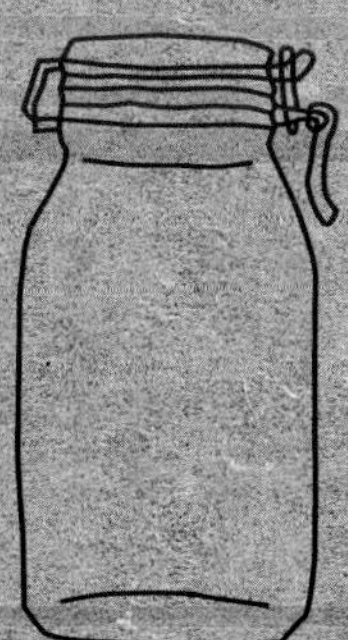

Saucen & Eingemachtes

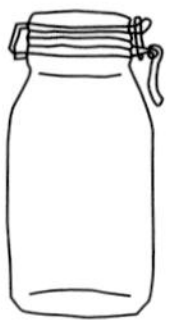

Eingekochte Tomaten

Für 1 Glas
Zubereitung: 25 Minuten
Garzeit: 2½ Stunden
Ruhezeit: 30 Minuten
Tomaten, Sommer

10 sehr reife Tomaten
3 Knoblauchzehen
Olivenöl
3 EL Zucker
Salz, Pfeffer

Die Tomaten überbrühen, enthäuten, vierteln und die Samen entfernen. Die Knoblauchzehen schälen und in feine Scheiben schneiden (den Keim zuvor entfernen). Den Backofen auf 90 °C vorheizen. Backpapier auf ein Backblech legen, die Tomaten daraufsetzen, mit Olivenöl beträufeln, die Knoblauchscheiben darüber verteilen und den Zucker darüberstreuen. Salzen und pfeffern. Im Ofen 2½ Stunden einkochen, dabei nach der Hälfte der Zeit die Tomaten wenden. Die Tomaten aus dem Ofen nehmen und auf dem Blech 30 Minuten abkühlen lassen. Dann in ein Glas mit Schraubverschluss füllen und mit Olivenöl bedecken.

Diese eingekochten Tomaten halten sich an einem kühlen Ort sieben Tage. Serviert werden sie am besten mit frischen Nudeln, einem Rucolasalat, einem Risotto ...

Probieren Sie auch mal eingelegte, getrocknete Tomaten:
Eine beliebige Menge getrocknete Tomaten in einen Topf mit kochendem Wasser geben, einmal aufkochen, abgießen und auf Küchenpapier abtrocknen lassen. Anschließend, nach Belieben mit einigen geschälten Knoblauchzehen, in ein Glas mit Deckel geben und mit Olivenöl bedecken. Das Glas verschließen und die Tomaten ein paar Tage durchziehen lassen.
Diese Tomaten schmecken als Antipasti, auf Crostini, zu Nudeln, einem Risotto, einem Salat und noch unzähligen anderen Gerichten. Sie halten sich – mit Olivenöl bedeckt – sehr lange. Mit dem aromatischen Tomatenöl kann man anschließend noch Speisen verfeinern oder Salatdressings zubereiten.

Selbst gemachtes Pesto

Für 1 Glas
Zubereitung: 15 Minuten
Basilikum, Sommer

60 g Basilikumblätter
1 Knoblauchzehe
1 Stück Parmesan (etwa 80 g)
50 g Pinienkerne
250 ml Olivenöl
Salz, Pfeffer

Basilikum, geschälte und entkeimte Knoblauchzehe, Parmesan in großen Stücken, Pinienkerne, Olivenöl, sehr wenig Salz und ein wenig Pfeffer in den Mixaufsatz geben. Pürieren, bis das Ganze eine glatte Masse bildet. Abschmecken und in ein Glas geben.

Dieses Pesto hält sich an einem kühlen Ort 15 Tage. Bedecken Sie die Oberfläche mit Olivenöl und gießen Sie neues Olivenöl nach, sobald Sie etwas Pesto entnommen haben. Servieren Sie es zu einem Tomaten-Mozzarella-Salat, auf Nudeln, auf gegrilltem Gemüse ...

Spargelsauce für Nudeln oder Risotto

Für 6–8 Personen
Zubereitung: 15 Minuten
Garzeit: 15 Minuten
Spargel, Frühling

500 g weißer Spargel
150 ml Hühnerbrühe
50 ml trockener Weißwein
150 g Sahne
Salz, Pfeffer

Die Spargelstangen schälen und die holzigen Enden abschneiden. Die Stangen in Stücke schneiden und die Spitzen 8 Minuten in etwas Salzwasser kochen. Auf Küchenpapier abtropfen lassen. In einem zweiten Topf Brühe und Wein zum Kochen bringen und den restlichen Spargel darin 10 Minuten pochieren. Spargel und Brühe mit der Sahne im Mixer pürieren, zurück in den Topf geben und bei schwacher Hitze einkochen lassen. Mit Salz und Pfeffer abschmecken. Direkt vor dem Servieren die Spargelspitzen 1–2 Minuten in der Sauce aufwärmen. Die Sauce behutsam unter die Nudeln heben.

Zaziki

Für 4 Personen
Zubereitung: 5 Minuten
Gurken, Sommer

1 Minigurke
Grobes Salz
1 Knoblauchzehe, zerdrückt
10 Minzeblätter, fein geschnitten
Saft von 1 Zitrone
4 Becher griechischer Sahnejoghurt (je 150 g)
Salz, Pfeffer

Die Gurke schälen und klein würfeln. In einem Sieb mit dem groben Salz Wasser ziehen lassen, waschen und trocken tupfen. Die Gurkenstücke mit dem Knoblauch, der Minze, dem Zitronensaft und dem Joghurt verrühren. Leicht salzen und pfeffern. Kühl stellen und dann zu Gemüsechips, knackigem Gemüse, großen rosa Garnelen usw. servieren.

Guacamole

Für 6–8 Personen
Zubereitung: 15 Minuten
Avocado, Winter

2 Tomaten
4 Frühlingszwiebeln
4 sehr reife Avocados
Saft von 2 Limetten
4 EL fein geschnittenes Koriandergrün
1–2 TL Piment d'Espelette
(oder edelsüßes Paprikapulver)
Salz, Pfeffer

Die Tomaten 30 Sekunden in kochendes Wasser geben, dann in eiskaltem Wasser abschrecken. Enthäuten, die Samen entfernen und das Fruchtfleisch in kleine Würfel schneiden. Die Frühlingszwiebeln in feine Ringe schneiden. Das Avocadofruchtfleisch mit dem Limettensaft zu einer glatten Masse pürieren. (Wer möchte, kann einige Avocadostücke beiseitestellen und diese dann später unterziehen.) Das Avocadopüree mit den Tomatenwürfeln, Zwiebeln, dem Koriandergrün und dem Paprikapulver verrühren und abschmecken. Kalt stellen und mit Tortillachips aus Mais oder mit rohem Gemüse wie schwarzem Rettich, Möhren usw. servieren.

Damit die Guacamole nicht dunkel anläuft, einen Avocadostein hineinlegen. Im Handel gibt es fertige Guacamole-Mischungen. Im Allgemeinen sind sie nicht einmal schlecht, aber ich gebe immer frische Zutaten dazu.

Frischkäse mit Kräutern und Schalotten

Für 2 Personen
Zubereitung: 15 Minuten
Frische Kräuter, Sommer

2 kleine milde Ziegenfrischkäse (je 100 g; siehe unten)
1 Schalotte
Olivenöl
6 Schnittlauchhalme, fein geschnitten
1 EL fein gehackte glatte Petersilie
1 EL fein gehackter Kerbel
Fleur de Sel, Pfeffer

Beide Käse mindestens 10 Minuten abtropfen lassen. Die Schalotte schälen und hacken. Jeden Käse auf einen kleinen Teller geben, etwas Olivenöl darüberträufeln, Kräuter und Schalotte darauf verteilen und mit einer Prise Fleur de Sel und mehreren Umdrehungen Pfeffer aus der Mühle würzen.

Ich nehme gerne Faisselle-Käse, aber es eignet sich jeder Ziegenfrischkäse oder auch Quark.

Auberginenkaviar

Für 8 Personen
Zubereitung: 30 Minuten
Garzeit: 1 Stunde
Auberginen, Sommer

2 kg Auberginen
3 Knoblauchzehen, geschält
Saft von 4 Zitronen
5 EL Sesam, goldbraun geröstet
Olivenöl
Salz, Pfeffer

Den Backofengrill vorheizen. Die Auberginen unter dem Grill rösten, dabei immer wieder wenden, damit sie rundherum schwarz werden. Das dauert eine Weile. Abkühlen lassen, dann schälen. Das Fruchtfleisch 15 Minuten in einem Sieb abtropfen lassen, dann mit Knoblauch und Zitronensaft im Mixer pürieren. Sesam und vier Esslöffel Olivenöl unter das Püree ziehen. Leicht salzen, pfeffern und abschmecken. Gut gekühlt zum Aperitif servieren, beträufelt mit Olivenöl, mit Pita- oder Fladenbrot, mit knusprigem Baguette oder mit Gemüsestiften zum Dippen: Zucchini, Fenchel, Möhre, Gurke …

Die Auberginen sollten gut gegrillt sein, damit sie einen rauchigen Geschmack bekommen, denn ihm verdankt dieser Kaviar seinen ganzen Reiz.

Tomatensauce für Nudeln

Für 6 Personen
Zubereitung: 20 Minuten
Garzeit: 30 Minuten
Tomaten, Sommer

2 kg reife Tomaten
2 EL Olivenöl
4 Knoblauchzehen, in dünne Scheiben geschnitten
2 Zwiebeln, fein geschnitten
2 gestrichene EL Zucker
Salz, Pfeffer

Die Tomaten 30 Sekunden in kochendes Wasser legen, dann 30 Sekunden in eiskaltem Wasser abschrecken. Enthäuten, die Samen entfernen und das Fruchtfleisch in große Stücke schneiden. In einer Pfanne das Öl erhitzen und den Knoblauch und die Zwiebeln darin sautieren. Die Tomaten und den Zucker dazugeben. Salzen, pfeffern, gut verrühren und zugedeckt bei sehr schwacher Hitze 30 Minuten köcheln lassen.

Sie können noch weitere Zutaten zur Sauce geben: eine kleine Chilischote, die mit dem Knoblauch sautiert, aber vor dem Servieren herausgefischt wird; Thymian und Lorbeer; Kapern oder einige Safranfäden, die zusammen mit den Tomaten in die Pfanne kommen; Basilikum oder Koriandergrün, fein geschnitten und im letzten Augenblick dazugegeben. Außerhalb der Saison, wenn die Tomaten nicht besonders schmackhaft sind, zögern Sie nicht, die Sauce mit ein bis zwei Teelöffeln Tomatenmark zu verfeinern.

Knoblauchvinaigrette

Für 200 ml
Zubereitung: 15 Minuten
Knoblauch, Sommer

2½ EL fein geschnittenes Koriandergrün
1 EL fein geschnittene glatte Petersilie
Saft von 2 Limetten
2 EL Tomatensauce
2 Knoblauchzehen, sehr fein gehackt
3 EL Olivenöl
1 EL süßsaure Sauce
1 EL Sesam, goldbraun geröstet
Einige Tropfen Tabascosauce
Salz, Pfeffer

In ein Marmeladenglas Koriandergrün und Petersilie, Limettensaft, Tomatensauce, Knoblauch, Olivenöl, süßsaure Sauce, Sesam und Tabascosauce geben. Leicht salzen und pfeffern, das Glas verschließen und gut schütteln. Kühl aufbewahrt hält sich die Vinaigrette 15 Tage.

Diese Sauce passt zu Fisch oder Grillfleisch, zu geräuchertem Fisch, einem knackigen Eisbergsalat …

Kleine Ziegenkäse mit Paprika

Für 10 kleine Käse
Zubereitung: 15 Minuten
Paprikaschoten, Sommer

2 rote, gelbe oder orangefarbene Paprikaschoten
10 kleine Ziegenfrischkäse
Salz, Pfeffer
Olivenöl

Von den Paprikaschoten Samen und Scheidewände entfernen und das Fruchtfleisch in kleine Würfel schneiden. Die Hälfte davon in ein großes Einmachglas geben. Die Ziegenkäse darauflegen, salzen und pfeffern. Die restlichen Paprikawürfeln darüber verteilen und noch ein wenig salzen und pfeffern. Mit Olivenöl bedecken und das Glas verschließen. Ein bis zwei Tage marinieren, dann mit einem Salat oder getoastetem Brot genießen.

Süßsaure Schalotten

Für 1 Glas
Zubereitung: 5 Minuten
Garzeit: 1 Stunde 40 Minuten
Schalotten, Herbst

1 EL Butter
2 EL Olivenöl
500 g Schalotten, in feine Scheiben geschnitten
1 TL Kreuzkümmelsamen
70 g Zucker
Salz, Pfeffer
300 ml trockener Cidre
1 EL Weinessig

In einer großen Pfanne Butter und Olivenöl erhitzen, die Schalotten dazugeben und bei schwacher Hitze 10 Minuten anschwitzen, ohne dass sie Farbe annehmen. Häufig umrühren. Kreuzkümmel und Zucker dazugeben und 5 Minuten karamellisieren. Salzen und pfeffern. Den Cidre angießen und alles 1 Stunde 20 Minuten ohne Deckel köcheln lassen. Häufig umrühren. 5 Minuten vor Garzeitende den Essig unterrühren.

Diese Schalotten passen hervorragend zu Pasteten, Grillfleisch oder einem einfachen getoasteten Landbrot.

In Öl marinierte Paprika

Für 4 Personen
Zubereitung: 30 Minuten
Garzeit: 20 Minuten
Ruhezeit: 2 Stunden
Paprikaschoten, Sommer

6 Paprikaschoten (rote, gelbe oder orangefarbene, auf keinen Fall grüne)
100 ml Olivenöl
1 Knoblauchzehe, zerdrückt
Salz, Pfeffer
½ Bund Basilikum, fein geschnitten

Die Paprikaschoten im Backofen grillen, dabei wiederholt wenden, bis die Haut schwarz geworden ist. In einem Gefrierbeutel abkühlen lassen, enthäuten, Samen entfernen und das Fruchtfleisch in Streifen schneiden. In eine Schüssel geben. In einer Schale Olivenöl mit Knoblauch vermengen, salzen und pfeffern. Über die Paprika gießen und diese zugedeckt an einem kalten Ort mindestens 1 Stunde marinieren (möglichst länger, dann schmecken die Paprika noch besser). Direkt vor dem Servieren mit dem frischen Basilikum bestreuen.

Der Knoblauch kann durch einen Teelöffel gemahlenen Kreuzkümmel ersetzt werden. Gegrillte Paprika schmecken hervorragend zu Büffelmozzarella; dann mit einem Spritzer Zitronensaft würzen und den Knoblauch weglassen.

Tante Katerines Zwiebelkonfitüre

Für 2 Gläser Konfitüre
Zubereitung: 15 Minuten
Garzeit: 1 Stunde 20 Minuten
Zwiebeln, Herbst

700 g Zwiebeln
100 g Butter
250 g kleine Rosinen
1 Prise Salz, Pfeffer
160 g Zucker
100 ml Weinessig
1 EL Granatapfelsirup
250 ml guter Rotwein

Die Zwiebeln schälen und vierteln. Die Butter in einer Pfanne zerlassen, Zwiebeln, Rosinen, Salz und Zucker hineingeben, großzügig pfeffern. Zugedeckt bei schwacher Hitze 30 Minuten köcheln lassen, dabei häufig umrühren, damit nichts anhaftet. Mit Essig, Granatapfelsirup und Rotwein aufgießen. Umrühren und ohne Deckel weitere 45 Minuten köcheln lassen, dabei von Zeit zu Zeit umrühren.

Diese Zwiebelkonfitüre ist eine prächtige Beilage für Geflügelpasteten, für Couscous und sogar für Grillfleisch.

Gemüsekunde

Artischocken

Saison
Von April bis Dezember gibt es gute Artischocken, am besten sind sie aber in den Monaten Juni und Juli.

Sorten
Es gibt zwei Hauptarten: die normale Artischocke und die junge Babyartischocke. Erstere ist dick, rund und schwer; die Zweite ist, wie ihr Name sagt, klein. Sie kann auch roh gegessen werden.

Einkauf
Die Artischocke sollte sich in der Hand recht schwer und fest anfühlen. Die Blätter müssen dicht beieinanderstehen, sonst ist sie zu reif. Ein Tipp, um die Frische zu prüfen: Die Blätter müssen glatt abbrechen und noch Saft enthalten.

Aufbewahrung
Rohe Artischocken kann man einige Tage im unteren Kühlschrankfach aufbewahren, nie jedoch gekochte Artischocken; sie müssen innerhalb von 24 Stunden nach dem Garen verzehrt werden, sonst entwickeln sie möglicherweise giftige Substanzen. Die Artischocke ist eine Blume: Man kann sie daher auch, mit dem Stiel im Wasser, bei Zimmertemperatur aufbewahren. Zum Tiefkühlen blanchiert man die Artischockenböden 1 Minute in kochendem Wasser mit etwas Zitronensaft. Abtropfen und völlig erkalten lassen, bevor sie in einem Gefrierbeutel tiefgekuhlt werden.

Angebotsformen
Es gibt in Olivenöl eingelegte Artischockenböden. Man isst sie mit einem knackigen Salat und Parmesanspänen oder zu hauchdünn geschnittenem Bündner Fleisch. Tiefgefrorene Artischockenböden enthalten noch den vollen Geschmack und eignen sich für eine Suppe, eine Nudelsauce oder einen Risotto.

Zubereitung

Artischocke

Um die ganze Artischocke in Wasser zu kochen, den Stiel mit der Hand abbrechen, sodass möglichst viele Fasern entfernt werden. Für eine andere Garmethode oder wenn man nur den Boden verwerten möchte, wie folgt vorgehen:
1. Den Stiel mit der Hand abbrechen und den Stielansatz mit einem kleinen Messer einritzen.
2. Das obere Drittel der Blattkrone abschneiden.
3. Die Artischocke schälen: die Blüte in einer Hand halten und mit der anderen Hand die äußeren Blätter rundherum abzupfen. Dann unten beginnen und nacheinander die zähen Blattspitzen abschneiden. Darauf achten, dass die Blätter gleich lang werden.
4. Die geschälte Artischocke in Zitronenwasser legen, damit sie sich nicht verfärbt. Anschließend mit einem Teelöffel das Heu entfernen und bis aufs Herz abkratzen. Die Böden in Zitronenwasser legen.

Junge Babyartischocke
1. Den Stängel bis auf vier Zentimeter abschneiden und schälen.
2. Die äußeren Blätter von Hand oder mit dem Messer entfernen, um an die zarten Partien zu gelangen.
3. Den oberen Teil der Artischockenblätter etwa bis zur Hälfte abschneiden. Anschließend die Artischocke der Länge nach halbieren.
4. Mit einem Teelöffel das Heu entfernen. Die Artischocke in Zitronenwasser legen.
5. Für einen Carpaccio die Artischocken der Länge nach in dünne Scheiben schneiden.

Garen

In Wasser

Vor allem große Artischocken werden so zubereitet. In reichlich kochendes Salzwasser geben und je nach Dicke 20–30 Minuten kochen. Um zu prüfen, ob sie gar sind, an einem Blatt ziehen: Lässt es sich mühelos lösen, ist die Artischocke gar, wenn nicht, noch ein paar Minuten kochen.

Im Schnellkochtopf

Je nach Dicke 7–10 Minuten garen.

Im Backofen

Diese Art der Zubereitung empfehle ich für gefüllte Artischocken, für die junge Babyartischocken optimal sind: 10 Minuten in kochendem Salzwasser vorkochen, füllen und noch 15 Minuten bei 180 °C im Ofen backen. Sollen gefüllte Artischocken geschmort werden, bei schwacher Hitze 30 Minuten in Weißwein garen.

Artischocken schmecken mit ...
einer würzigen Vinaigrette mit Senf, wenn sie in Wasser gekocht wurden; etwas Olivenöl und Zitrone sowie Parmesanspänen, wenn man rohe Babyartischocken serviert; Kalbfleisch in der Tajine (geviertelte Artischockenböden dazugeben).

Kleine Kniffe und Tipps
Die gegarten, abgegossenen Artischocken mit der Spitze nach unten abtropfen lassen.

Artischocken und junge Babyartischocken.

Für einen Carpaccio in feine Scheiben schneiden.

Die Blätter entfernen, um ans Herz zu gelangen.

Das Heu mit einem Teelöffel entfernen.

Den Stiel von Hand abbrechen und den Stielansatz mit einem kleinen Messer einschneiden.

Die oberen Blätter bis auf halbe Höhe abschneiden.

Spargel

Saison
Spargel ist ein Frühlingsgemüse, das es von März bis Juli gibt.

Sorten
Weißer Spargel hat einen milden Geschmack. Ich empfehle einheimische Sorten wie den weißen Schrobenhausener Spargel, der bitter und zugleich süßlich schmeckt und den es im Mai und Juni gibt. Lila Spargel – weiße Stangen mit einer lila Spitze – ist sehr fruchtig ... aber ich bevorzuge grünen Spargel! Der seltene Wildspargel ist sehr zart und leicht bitter.

Einkauf
Sehr frische, gerade, fleckenlose Spargelstangen nehmen, deren Köpfe völlig geschlossen sind und bei denen die Schnittstelle leicht glänzt. Bricht man ein Stück von der Stange ab, muss die Bruchstelle glatt und feucht sein.

Aufbewahrung
Spargel sollte am besten sofort nach der Ernte verspeist werden. Gekocht hält er sich sehr schlecht. Wenn man ihn aufbewahren möchte (höchstens vier Tage), nicht waschen, sondern mit der Spitze nach oben in ein Glas, das zwei bis drei Zentimeter hoch mit Wasser gefüllt ist, stellen und in feuchtes Küchenpapier schlagen. Man kann ihn auch komplett in ein sauberes feuchtes Tuch wickeln. Im unteren Kühlschrankfach aufbewahren.

Zubereitung
Jungen grünen Spargel, das ist der zartere, muss man lediglich kurz unter frischem Wasser waschen und die Enden der Stangen abschneiden. Weißen Spargel muss man dagegen mit einem Schälmesser oder Sparspäler, unterhalb der Spitze beginnend, schälen; dabei legt man die Stangen auf ein Brett. Dann je nach Frische des Spargels das Ende der Stangen abschneiden. Nicht die Spitze schälen, das wäre ein Verbrechen!

Garen
Wenn möglich, Spargelstangen gleicher Dicke kaufen, damit sie gleichmäßig garen. Wird Spargel in viel Wasser gekocht, die Stangen zu Bunden zusammenbinden: So wird verhindert, dass die Stangen beim Kochen wandern und beschädigt werden. Dickere Stangen brauchen 10–12 Minuten in kochendem Salzwasser; 15 Minuten im Dampf (je nach Dicke), im Korb nebeneinandergelegt. In der Mikrowelle die Stangen nebeneinanderlegen, etwas Wasser dazugeben, ein wenig Zitronensaft darüberträufeln und salzen, abdecken und 6–8 Minuten garen (höchste Stufe). Er schmeckt auch sehr gut, wenn man ihn in der Pfanne in Stücke geschnitten in ein wenig Olivenöl (oder Butter) al dente brät. Das dauert ungefähr 5 Minuten. Mit der Messerspitze einstechen, um zu sehen, ob er gar ist.

Spargel schmeckt mit ...
einer würzigen Vinaigrette oder ein wenig Olivenöl und Zitrone. Ein Genuss ist er mit Sauce hollandaise (siehe Seite 38). Spargel passt sehr gut zu Fisch und Käse. Ich esse ihn für mein Leben gern eingetunkt in ein ganz frisches weich gekochtes Ei!

Kleine Kniffe und Tipps
Mit den abgeschnittenen Spargelenden eine Bouillon zubereiten; sie wird durch ein Sieb gegossen und für die Zubereitung eines Risottos oder zum Kochen von Nudeln verwendet. Oder sie dient als Grundlage für eine Spargelsuppe.

Ein Tipp meiner Freundin Agnès
So wird Spargel perfekt gekocht: mit den Spitzen nach oben in eine oben offene Konservendose mit durchlöchertem Boden oder in den Einsatz eines Spargeltopfs geben und vier bis fünf Zentimeter hoch in kochendes Salzwasser stellen. 15 Minuten kochen, dann völlig mit Alufolie abdecken und 10 Minuten bei ausgeschaltetem Herd ruhen lassen. Den Spargel behutsam herausnehmen. Er schmeckt köstlich ...

Weißer, lila und grüner Spargel, daneben Wildspargel.

Zum Kochen zu einem Bund zusammenbinden.

In eine durchlöcherte Konservendose stellen.

Auberginen

Saison
Juni, Juli und August sind die besten Monate für heimische Auberginen.

Sorten
Es gibt längliche, runde, fast schwarze, marmorierte, weiße und sogar Miniauberginen …

Einkauf
Ihre Schale sollte glatt und fleckenlos, die Frucht selbst schön schwer und fest sein. Der Stiel ist am besten richtig grün, was zeigt, dass die Aubergine zur richtigen Zeit geerntet wurde. Um zu sehen, ob eine Aubergine den optimalen Reifegrad erreicht hat, leicht mit dem Daumen drücken: Federt sie sofort zurück, sollte sie noch ein wenig nachreifen. Die dickeren Auberginen (die reiferen) haben größere Samen und sind oft bitterer.

Aufbewahrung
Sie lassen sich im unteren Kühlschrankfach, je nach Reife, ein bis zwei Wochen aufbewahren. Zum Tiefkühlen in Stücke schneiden und in Olivenöl anbraten. Aufgetaut kann man sie dann zum Beispiel für Ratatouille verwenden.

Zubereitung
Ich für meinen Teil verarbeite sie lieber mit Schale (natürlich nicht, wenn ich Auberginenkaviar zubereite). Zuerst wasche ich sie und entferne den Stiel; danach schneide ich sie je nach Rezept in Würfel, Scheiben oder Streifen. Damit sich das Fruchtfleisch nicht verfärbt, mit Zitrone beträufeln. Manchmal lasse ich sie Wasser ziehen (zum Beispiel vor dem Braten): Dafür schneide ich sie in Streifen oder Scheiben, bestreue sie mit Salz und warte ungefähr 1 Stunde, bis sie Wasser gezogen haben. Danach trockne ich sie mit einem Küchenpapier. Benötige ich nur das Fruchtfleisch, gebe ich die ganzen Auberginen (oder auch nur eine, je nach Rezept) in den Backofen und grille sie gut durch, dabei wende ich sie wiederholt. Ich lasse sie abkühlen, halbiere sie und löffle das Fruchtfleisch mit einem Pampelmusenlöffel aus der Schale.

Garen
Gewürfelt in einem Ratatouille; in Stifte geschnitten und in Olivenöl gebraten (auf allen Seiten goldbraun anbraten); in Scheiben geschnitten, mit Olivenöl beträufelt und bei niedriger Temperatur im Ofen gebacken; gefüllt und im Backofen gegart (dies gilt für kleine Auberginen, die ich auch für die Zubereitung von thailändischen Suppen verwende und dann nur ein paar Minuten in die Brühe gebe). Letzter Tipp fürs Garen: zuerst mit etwas Wasser einige Sekunden in der Mikrowelle kochen, danach in einer Mischung aus Olivenöl, Salz, Pfeffer, Basilikum oder frischer Minze fertig braten. Probieren und weitererzählen.

Angebotsformen
Beim Italiener oder in gut sortierten Lebensmittelgeschäften gibt es in Olivenöl eingelegte Auberginen. Köstlich zum Beispiel zum Aperitif.

Auberginen schmecken mit …
Olivenöl, Olivenöl und noch einmal Olivenöl! Aber auch mit Knoblauch, Parmesan, Tomatensauce, mit Kreuzkümmel, mit frischer Minze … Aber ebenso gut mit Brocciukäse, Mozzarella oder Ricotta, vermischt mit Minze, Sardellen und beträufelt mit Zitrone: ein Leckerbissen auf geröstetem Brot!

Kleine Kniffe und Tipps
Die Aubergine sollte nicht zu bitter und ihre Samen sollten nicht zu dick sein. Um sicherzugehen, dass man die richtige Wahl trifft, die Frucht umdrehen und prüfen, ob der Blütenansatz richtig rund ist, auf keinen Fall darf er oval sein …

Es gibt längliche, runde, fast schwarze, marmorierte, weiße und sogar Miniauberginen …

Um die Schale zu entfernen, die ganze Aubergine unter dem Backofengrill rösten.

Sobald sie abgekühlt ist, halbieren und das Fruchtfleisch mit einem Löffel herausholen.

Avocados

In jedes Ende mithilfe eines Zahnstochers ein Loch stechen.

Damit sich die Guacamole nicht verfärbt, den Stein hineinlegen.

Eine richtig reife Avocado aussuchen, aber keine matschige wählen.

Saison

Vor allem im Winter, von November bis Februar, sind Avocados im Angebot.

Einkauf

Will man sie sofort essen, rate ich zum Kauf von reifen, aber nicht matschigen Avocados. Sollen sie erst in zwei bis drei Tagen gegessen werden, etwas festere Früchte nehmen und zu Hause ausreifen lassen. Auf jeden Fall müssen sie sich auf Fingerdruck weich anfühlen, aber es sollte keine Druckstelle zu sehen sein.

Aufbewahrung

Noch nicht ausgereift hält sich eine Avocado bei Zimmertemperatur fünf Tage; war sie beim Kaufen reif, kann sie im unteren Fach des Kühlschranks zwei bis drei Tage aufbewahrt werden.
Damit eine Avocado schneller reift, hier zwei Tricks: Der eine besteht darin, in jedes ihrer Enden mithilfe eines Zahnstochers ein Loch zu stechen; sie sollte innerhalb von 48 Stunden reif sein. Der zweite sieht vor, dass man sie in Zeitungspapier gewickelt bei Zimmertemperatur reifen lässt. Um das Reifen dagegen um mindestens eine Woche hinauszuzögern, kommt sie ins untere Kühlschrankfach.

Avocado schmeckt mit …

einem knackigen Salat, einigen frischen Garnelen und einer würzigen Vinaigrette; einem Krabbencocktail; kurz vermischt mit etwas Crème fraîche und Koriander, zu knusprigem Baguette. Manche essen die Avocado auch gekocht; dem kann ich aber nicht viel abgewinnen.

Kleine Kniffe und Tipps

An der Luft verfärbt sich Avocadofruchtfleisch sehr schnell, deshalb immer einen Spritzer Zitronensaft darübergeben, damit das nicht geschieht. Wird eine Guacamole zubereitet oder das Fruchtfleisch leicht zerdrückt, den Stein aufheben und bis zum Servieren in das Püree legen. Das gilt auch für den Fall, dass man eine halbe Avocado im Kühlschrank aufbewahren möchte: immer den Stein drinlassen.

Für „rosa" Reis ein Stückchen Rote Bete ins Kochwasser geben.

Zum Schälen von Roten Beten Handschuhe anziehen.

Rohe Rote Bete.

Saison
Gekochte Rote Bete gibt es das ganze Jahr über. Die beste Jahreszeit für rohe ist von Mai bis Oktober.

Sorten
Auf den Märkten wird nur eine einzige Sorte rohe Rote Bete angeboten: Sie ist lilarot und hat Blätter, die wie Spinat gekocht werden können. Aber es gibt auch weiße oder orangefarbene Arten.

Einkauf
Feste Rote Bete mit einer glatten Schale und mit Blättern nehmen. Bei gekochten Roten Beten sollte die Schale fleckenlos sein; die kleineren sind besser, weil sie nicht so fasrig sind.

Aufbewahrung
Rohe Rote Bete hält sich ein paar Tage im unteren Kühlschrankfach, nachdem die Blätter ganz kurz abgeschnitten wurden. Gekocht hält sie sich drei bis vier Tage im unteren Kühlschrankfach in einem dicht schließenden Behälter. Rote Bete kann auch in Stücke oder in Scheiben geschnitten in einem Gefrierbeutel tiefgekühlt werden (so hält sie sich mehrere Monate).

Zubereitung
Meistens werden sie gekocht verzehrt, nachdem man sie geschält hat. Aber man kann sie auch roh essen: geschält, geraspelt und gewürzt.

Garen
Um rohe Rote Bete zu kochen, gart man die ganzen Knollen 1 Stunde (mit den Blättern) in kochendem Salzwasser (20 Minuten im Schnellkochtopf nach dem Verschließen des Ventils). Danach geht die Schale fast von alleine ab: Man muss die Rote Bete nur reiben.

Rote Bete schmeckt mit …
einer Prise Kreuzkümmel und Pfeffer und einigen Tropfen weißem Essig – so isst man sie in Marokko; ganz einfach mit Feldsalat und Nüssen; roh geraspelt mit Nussöl und Kerbel; als Carpaccio mit gehobeltem altem Ziegenkäse.

Kleine Kniffe und Tipps
Zum Schälen von Roten Beten ziehe ich immer Gummihandschuhe an. (Sie verfärben die Hände.) Um einen „rosa" Reis zuzubereiten, gebe ich ein Stück Rote Bete ins Kochwasser. Ein toller Effekt!

Möhren

Möhren schälen und alle grünen Stellen entfernen.

In Scheiben oder Stifte schneiden.

Saison
Möhren haben das ganze Jahr Saison und sie sind auch ein köstliches Wintergemüse. Am zartesten sind die Frühmöhren, bei denen häufig noch das Kraut dran ist. Sie sind zuckerhaltiger und werden von Mai bis Juli angeboten.

Sorten
Man bekommt lose Möhren sowie Bundmöhren mit Kraut, die auch als Frühmöhren bezeichnet werden.

Einkauf
Schön orangefarbene Möhren ohne Flecken oder Druckstellen kaufen.

Aufbewahrung
Die Möhren mit Kraut sind empfindlich und müssen daher schnell aufgebraucht werden; sie werden, nachdem das Kraut abgeschnitten wurde, im unteren Kühlschrankfach aufbewahrt. Lose Möhren kann man (eine Woche) ins untere Kühlschrankfach geben. Zum Tiefkühlen werden die Möhren gewaschen, abgeschabt und in Scheiben geschnitten; danach blanchiert man sie 3 Minuten in kochendem Wasser. Nach dem Abkühlen gut trocken tupfen und in einen Gefrierbeutel geben.

Zubereitung
Möhren sehr sparsam schälen oder abschaben (nicht jedoch die Frühmöhren, die man nur abbürstet) und alle grünen Stellen, die bitter schmecken, entfernen. Anschließend unter fließendem kaltem Wasser waschen, aber nicht darin liegen lassen! Danach können Sie sie schneiden, wie Sie möchten: in Scheiben, Stifte, kleine Würfel oder auch raspeln (einen Spritzer Zitronensaft darübergeben, damit sie nicht dunkel anlaufen).

Garen
Jede Art von Garen eignet sich für Möhren: im Dampf, in Wasser, langsam geschmort oder in Olivenöl oder Butter angebraten. Sie sollten gerade eben weich sein, aber nicht zu Mus zerkochen.

Möhren schmecken mit …
Sahne, Kreuzkümmel, Zitrone, Koriander, Ingwer …

Kleine Kniffe und Tipps
Möhren sollten nicht zu früh im Voraus geraspelt werden, denn beim Kontakt mit der Luft gehen ihre Vitamine verloren. Das Kraut aufheben, um damit Suppen zu aromatisieren.

Sellerie

Die Stangen werden in kleine Stücke geschnitten.

Die Knolle wird wie eine Kartoffel geschält.

Saison
Knollensellerie ist ein Herbstgemüse, Stangensellerie gibt es von Juni bis Februar.

Sorten
Knollen- und Stangensellerie sind aus derselben Pflanze hervorgegangen; der Erstgenannte bildet eine Wurzel in Form einer Knolle, während der Zweite aus der Erde herauswächst.

Einkauf
Eine feste und schwere, aber nicht zu dicke Knolle auswählen (sonst ist sie innen hohl). Beim Stangensellerie sollten die Rippen glänzen, die Stangen knackig und die Blätter schön grün sein.

Aufbewahrung
Knollensellerie hält sich mehrere Wochen im unteren Kühlschrankfach, in Papier eingewickelt, damit er seinen Geschmack nicht an das andere Gemüse abgibt. Stangensellerie bleibt nicht länger als vier Tage knackig.

Zubereitung
Die Knollen wie eine Kartoffel schälen, waschen und mit Zitronensaft beträufeln (damit sie nicht dunkel anlaufen). Zum Kochen in große Würfel schneiden, raspeln, wenn man sie roh essen möchte. Beim Stangensellerie die dicksten Stangen unten abbrechen, um die Fäden abzuziehen (wie bei grünen Bohnen). Unter kaltem Wasser waschen. Die Blätter aufbewahren, um eine Bouillon zu würzen; die Stangen in kleine Stücke schneiden.

Garen
Stangensellerie schmeckt roh als Salat oder kurz in der Pfanne gedünstet als Beilage zu Fleisch oder Fisch. Knollensellerie gart man 30 Minuten in kochendem Salzwasser oder 12–15 Minuten im Dampf.

Angebotsformen
Mit Selleriesalz lassen sich Fleisch, gegrillter Fisch und auch Salatsaucen verfeinern.

Sellerie schmeckt mit …
etwas Salzigem wie geräuchertem Fisch oder Räucherspeck, das mag ich besonders. Stangensellerie esse ich am liebsten roh, mit guter gesalzener Butter oder mit Kräuterquark als Dip.

Pilze

Saison
Die beste Zeit für Pilze ist von September bis Januar. Zuchtchampignons gibt es dagegen das ganze Jahr über, Morcheln eher im Frühling und Steinpilze und Pfifferlinge ab Mai.

Sorten
Es gibt unzählige Arten: Steinpilz, Riesenschirmpilz, Seitling, Herbsttrompete, Pfifferling, Morchel, Mairitterling, Egerling, Austernpilz, Champignon, Shiitakepilz, Trüffel ...

Einkauf
Pilze sind sehr empfindlich, und sie müssen beim Kauf unversehrt und so frisch wie möglich sein. Bei den Steinpilzen auf die Lamellen unter dem Hut achten: Sie sollten gelb oder grün, auf keinen Fall aber braun sein. Die großen Pilze sind meistens weniger fest, aber würziger. Keine Pilze nehmen, die eingetrocknet oder mit Gängen durchzogen (von Würmern) sind. Bei den Zuchtchampignons gebe ich den braunen vor den weißen den Vorzug, denn meiner Ansicht nach sind sie oft fester und schmackhafter. Gibt es nur weiße, eher zu den kleineren greifen, die sich fester anfühlen und einen gut verschlossenen Hut haben.

Aufbewahrung
Möglichst bald nach dem Kauf aufbrauchen. Aber man kann sie auch für kurze Zeit im unteren Kühlschrankfach aufbewahren, vorausgesetzt, sie kommen in eine Papiertüte oder in eine dicht schließende Box (allerdings schmecken sie richtig frisch am besten). Morchel, Mairitterling, Herbsttrompete und Steinpilz können getrocknet werden: in Scheiben schneiden und an der Luft oder im Herd bei sehr niedriger Temperatur trocknen (dabei nebeneinanderlegen). Sollen sie tiefgefroren werden, vorher kurz garen (damit sie ihre Flüssigkeit abgeben). Aber es bleiben dennoch tiefgefrorene Pilze!

Zubereitung
Pilze nie waschen und schon gar nicht einweichen! Weisen sie Reste von Erde auf, diese mit einem kleinen Küchenmesser entfernen, danach unter einem sehr dünnen Wasserstrahl bürsten und die beschädigten Partien abschneiden. Anschließend auf Küchenpapier legen. Sind sie nicht sehr schmutzig, reicht es, sie behutsam mit einem feuchten Tuch abzuwischen. Bei Steinpilzen rate ich, den weißen Reif auf dem Hut zu entfernen, denn beim Kochen wird er schleimig. Champignons mit Zitronensaft beträufeln, damit sie nicht braun anlaufen.

Garen
Sie werden mit oder ohne Fett in der Pfanne gegart (Butter, Olivenöl), aber stets bei niedriger Temperatur, damit sämtliche Flüssigkeit verdampft. Anschließend die Temperatur zum Anbraten erhöhen und die Gewürze dazugeben: Schalotten, Petersilie, Knoblauch ...

Angebotsformen
Im Handel gibt es Trockenpilze: Morchel, Steinpilz und Herbsttrompete. Sie eignen sich hervorragend als Grundlage für einen Risotto oder um einen Teller Nudeln zu würzen. Eingemachte Steinpilze können sich nicht mit frischen messen, aber sie sind praktisch in Notfällen.

Pilze schmecken mit ...
Sahne, mehreren Umdrehungen Pfeffer aus der Mühle und Knoblauch, wenn es sich um gegarte Steinpilze handelt; Schalotten für Pfifferlinge und einigen Schnittlauchröllchen am Ende des Garens für alle Pilze, egal ob roh oder gekocht.

Kleine Kniffe und Tipps
Ich hebe die Steinpilzstiele auf, um damit die Brühe für meinen Steinpilzrisotto zuzubereiten (siehe Seite 108).

Unter einem sehr dünnen Wasserstrahl bürsten und die beschädigten Partien entfernen. Anschließend auf Küchenpapier legen.

Trockenpilze für einen Risotto oder Nudeln.

Eingemachte Steinpilze für Notfälle; sie schmecken aber weniger gut.

Es gibt unzählige Arten Pilze.

Kohl

Saison
Man bekommt ihn das ganze Jahr über, den schönsten gibt es jedoch von Oktober bis März.

Sorten
Es gibt nahezu ein Dutzend verschiedene Kohlsorten: Grün-, Weiß- und Rotkohl, Wirsing- und Rosenkohl, China- und Blumenkohl, Romanesco, Brokkoli ...

Einkauf
Die runden Kohlköpfe sollten sehr fest und schwer sein und knackige Blätter haben. Beim Rosenkohl stehen die Blätter dicht beieinander und weisen keine gelben Flecken auf. Keine weichen Kohlköpfe nehmen. Beim Blumenkohl sollte der Strunk sehr weiß, die Blätter sollten sehr grün sein. Romanesco nur nehmen, wenn er hellgrün ist und einen Kranz frischer Blätter aufweist. Brokkoli ist dagegen eher dunkelgrün, die Röschen stehen dicht beieinander, und sie sollten keine Blüten aufweisen.

Aufbewahrung
Wirsing-, Grün-, Weiß- oder Rotkohl hält sich ungefähr zwölf Tage im unteren Kühlschrankfach. Blumenkohl sollte nicht länger als drei, Rosenkohl höchstens fünf Tage dort aufbewahrt werden. Chinakohl ist haltbar wie Salat; man kann die Blätter ablösen, waschen und einige Tage in einem Beutel aufbewahren. Soll Kohl tiefgefroren werden, schneidet man ihn am besten in Streifen oder zerteilt ihn in Röschen, blanchiert ihn kurz und gibt ihn in einen Gefrierbeutel (gut abgetropft, abgekühlt und trocken getupft).

Zubereitung
Bei Wirsing-, Grün-, Weiß-, Rot- und Chinakohl die äußeren Blätter entfernen und den Strunk herausschneiden, die Blätter ablösen und mit viel Wasser und einem Schuss Essig waschen. Ob für einen Salat oder zum Kochen, die Blätter werden in mehr oder weniger breite Streifen geschnitten. Vom Rosenkohl nur die äußeren Blätter entfernen und die Röschen im Ganzen garen und servieren. Grünkohl ist leichter verdaulich, wenn man ihn 1–2 Minuten in kochendem Salzwasser blanchiert. Bei Romanesco, Brokkoli und Blumenkohl die Blätter entfernen sowie den Strunk oder die dicken Stiele abschneiden. In Röschen zerteilen und in viel Wasser waschen. Die Brokkolistiele schält man vor dem Garen wie Spargel.

Garen
Wirsing-, Grün-, Weiß-, Rot- und Chinakohl werden oft langsam geschmort oder im Dampf gegart. In Streifen schneiden und 6–7 Minuten dämpfen, 15 Minuten in kochendem Salzwasser und 45 Minuten im Schmortopf zugedeckt bei sehr schwacher Hitze garen. Sollen die Blätter zum Füllen verwendet werden, überbrüht man sie zuvor, damit sie geschmeidiger werden. Blumenkohl oder Romanesco benötigen zum Garen 15 Minuten in kochendem Wasser und 5 Minuten im Dampf. Bei Brokkoli geht es ganz schnell: 7 Minuten in kochendem Wasser, 6 Minuten in der Mikrowelle (mit etwas Wasser und mit Mikrowellenfolie zugedeckt) und 5 Minuten im Dampf. Rosenkohl kommt 20 Minuten in kochendes Wasser, bevor er in der Pfanne fertig gart.

Kohl schmeckt mit ...
geräuchertem Speck, Würstchen oder Kochschinken (ein unverwüstlicher Klassiker). Danach lässt man, je nach Sorte, seiner Fantasie freien Lauf: Rotkohl mit einem geriebenen Apfel und einigen Tropfen Vinaigrette als Salat; eine zerdrückte Kartoffel und ein Stück gesalzene Butter zum Grünkohl; zum Chinakohl Ingwer, Sojasauce und große rosa Garnelen geben; beim Brokkoli beschränkt man sich eher auf einen Schuss Olivenöl und Parmesanspäne; zum Blumenkohl passt eine hausgemachte, gut gewürzte Mayonnaise ...

Kleine Kniffe und Tipps
Der Kohl bleibt schön grün, wenn man die Blätter nach dem Kochen in Eiswasser abschreckt. Damit nicht das ganze Haus nach Kohl riecht, ein Stück Brot ins Kochwasser geben ... Es soll auch mit einem Stück Zucker klappen ...

Es gibt beinahe ein Dutzend Kohlsorten.

Die Blätter in mehr oder weniger breite Streifen schneiden.

Brokkoli: Die äußeren Blätter entfernen und den dicken Stiel abschneiden, dann in Röschen zerteilen.

Kürbis

Saison
Kürbis ist ein Herbstgemüse.

Sorten
Die Familie weist eine große Vielfalt auf. Dazu zählen der Patissonkürbis, der mit Schale zubereitet wird, der Riesenkürbis, der Butternusskürbis, der Muskatkürbis (mein Lieblingskürbis wegen seines nussigen Geschmacks) und auch der kleinere Hokkaidokürbis, der ebenfalls nicht geschält werden muss.

Einkauf
Der Kürbis sollte schön fest und schwer sein, und die dicke Schale sollte weder Flecken noch Druckstellen aufweisen.

Aufbewahrung
Ganz halten sich die großen Kürbisse an einem kühlen und luftigen Ort bis zu sechs Monate. Sobald ein Kürbis angeschnitten wurde, muss die Schnittstelle mit Frischhaltefolie abgedeckt werden, und der Kürbis kommt in das untere Kühlschrankfach (falls er hineinpasst). Auf jeden Fall sollte er innerhalb von fünf Tagen aufgebraucht werden. Püriert oder als Suppe kann das Fruchtfleisch sehr gut tiefgefroren werden.

Zubereitung
Hokkaido- oder Patissonkürbisse können ihre Schale behalten, aber die großen Kürbisse müssen stets geschält werden. Das ist übrigens gar nicht so einfach: Sie benötigen starke Arme beim Vierteln, und danach wird die Schale mit einem sehr scharfen Küchenmesser abgeschnitten. Bei jeder Kürbissorte werden die Kerne und Fasern vor dem Garen entfernt. Das fasrige Innere mit einem Teelöffel auskratzen.

Garen
In kochendem Wasser (25 Minuten) oder im Dampf (15 Minuten). Um zu sehen, ob der Kürbis schon gar ist, wie bei Kartoffeln mit einer Messerspitze ins Fruchtfleisch stechen.

Kürbis schmeckt mit ...
frisch geriebener Muskatnuss, Ahornsirup, Koriander, Kokosmilch, Paprikapulver ... In Nordamerika bereitet man Kürbis häufig süß zu (Kuchen, Torte, Konfitüre), in Europa und Asien verarbeitet man ihn eher als Gemüse.

Kleine Kniffe und Tipps
Den ausgehöhlten Kürbis aufheben, um darin die Suppe aufzutragen. Kindern macht es häufig Spaß, einen Kürbis auszuhöhlen ... Die Kerne aufbewahren und gegrillt und gesalzen zum Aperitif auf den Tisch stellen.

Sie benötigen starke Arme beim Vierteln, danach entfernen Sie die Schale mit einem sehr scharfen Küchenmesser.

Die Kerne aufbewahren, rösten und gesalzen zum Aperitif auf den Tisch stellen.

Gurken

Es gibt drei Sorten: die glatte Minigurke, die warzige Land- oder Gärtnergurke und die Salat- oder Schlangengurke, die bekannteste.

Die Gurke vierteln und die Samen entfernen.

Die dicksten Gurken Wasser ziehen lassen.

Saison
Vorwiegend Sommer.

Sorten
Es gibt drei Sorten: Die Minigurke ist klein und glatt; die warzige Land- oder Gärtnergurke schmeckt leicht bitter, man erkennt sie an den Warzen an ihrer Oberfläche; schließlich die Salatgurke, die die bekannteste und daher die klassischste ist.

Einkauf
Wählen Sie eine feste, leuchtend grüne, fleckenlose und schön gerade Gurke. Je kleiner die Gurke, desto kleiner sind auch die Samen; sie ist außerdem knackiger und aromatischer.

Aufbewahrung
Damit sie knackig bleibt, schnell aufessen, auf keinen Fall aber länger als vier Tage aufbewahren (im unteren Kühlschrankfach). Wird sie nicht gleich völlig aufgegessen, den Rest in Frischhaltefolie wickeln, damit sie nicht austrocknet.

Zubereitung
Unter kaltem Wasser waschen; dann kann man die Haut mitessen, wenn sie schön ist: Das macht die Gurke noch knackiger. Ist die Gurke dicker, sollten die Samen entfernt werden. Den dickeren Teil abschneiden, diesen der Länge nach halbieren und die Samen mit einem kleinen Messer entfernen. Außerdem rate ich, die dicksten Gurken zu entwässern: nachdem sie in kleine Stücke oder Scheiben geschnitten sind, mit Salz bestreuen und mindestens 30 Minuten stehen lassen, dann abspülen und auf Küchenpapier abtropfen lassen.

Gurken schmecken mit ...
allem, was sahnig ist: Joghurt, Sahne, Crème fraîche oder Quark. Aber auch mit frischen Kräutern wie Minze, Estragon, Schnittlauch, Kerbel oder Koriander. Machen Sie es den Engländern nach und essen Sie Ihre Gurken mit Toastbrot und Butter, rohem Fisch und Garnelen. Oder wie die Griechen mit Feta, Oliven und Tomaten ...

Zucchini

Wenn sie bitter sind, teilweise schälen.

Halbieren, um die Samen zu entfernen.

Mit Olivenöl beträufeln und grillen.

Es gibt zahlreiche Arten in verschiedenen Formen.

Saison
Zucchini gibt es das ganze Jahr über, am besten sind sie allerdings von Mai bis September.

Sorten
Die runden sind ideal zum Füllen, die ganz kleinen, zartgrünen sind wegen ihrer gelben Blüten sehr gefragt: gefüllt oder als Beignets einfach köstlich. Am häufigsten sieht man die langen grünen Zucchini, deren Farbe ins Weiße (sehr fleischig) oder Gelbe (fruchtiger) übergehen kann.

Einkauf
Feste, glatte, fleckenlose und glänzende Zucchini aussuchen. Den Stiel prüfen: Ist er grün und sehr hart, ist das ein Zeichen für Frische. Die kleineren Zucchini haben weniger Fasern und kleinere Samen als die dicken.

Aufbewahrung
Höchstens fünf Tage im unteren Kühlschrankfach aufbewahren. Zucchini mögen keine Hitze. Nachdem sie gewaschen, in Stücke geschnitten und blanchiert wurden, können sie tiefgefroren werden.

Zubereitung
Ich schäle Zucchini nie, denn ihr nussiger Geschmack kommt von der Schale. Aber ich wasche sie gründlich, bevor ich die Enden entferne; danach schneide ich sie in Streifen, Scheiben, in kleine Würfel (in Olivenöl anbraten) oder in dicke Stücke.

Garen
Zucchini garen ganz schnell: 3 Minuten in Wasser, 5 Minuten im Dampf und ebenso kurz in der Mikrowelle. Man kann sie auch auf einem Rost grillen, nachdem sie mit Olivenöl beträufelt wurden. Gibt man im letzten Augenblick eine Prise Fleur de Sel darüber, sind sie ein wahrer Leckerbissen!

Kleine Kniffe und Tipps
Zucchini geben eine Flüssigkeit ab, die die Hände verfärbt. Es gibt nur einen einzigen Trick, um sich davon zu befreien: Bleichmittel. Oder Sie greifen zu dünnen Gummihandschuhen … Zucchini können Wasser abgeben. Bei einer Ratatouille ist das nicht weiter störend, wohl aber bei einem Auflauf: der Länge nach halbieren und die Samen mit einem Pampelmusenlöffel herauskratzen. Sind die Zucchini zu bitter, werden sie teilweise geschält (sodass sie gestreift aussehen), denn die Bitterstoffe sitzen in der Schale.

Spinat, Kresse und Sauerampfer

Die Blätter sollten schön grün, glänzend und knackig sein.

Sind die Blätter groß, die Rippe entfernen.

Um die Vitamine zu erhalten, das Bund in Wasser stellen und ein feuchtes Tuch um die Blätter schlagen.

Saison
Kresse und Spinat gibt es das ganze Jahr über. Sauerampfer ist von Mai bis Oktober am schmackhaftesten.

Sorten
Man unterscheidet je nach Jahreszeit zwischen Frühlings-, Sommer-, Herbst- und Winterspinat. Im Frühling und Sommer sind die Blätter zart und köstlich als Salat, während die kräftigeren Blätter im Herbst und Winter besser gegart werden.

Einkauf
Die Blätter sollten schön grün (zarte Blätter etwas heller), glänzend und knackig sein.

Aufbewahrung
Kresse und Spinat verlieren rasch ihre Vitamine, deshalb innerhalb von zwei Tagen nach dem Kauf verspeisen. Im unteren Kühlschrankfach aufbewahren und erst im letzten Augenblick waschen. Sauerampfer höchstens drei Tage im unteren Kühlschrankfach in einem gelöcherten Gefrierbeutel aufbewahren. Spinat verträgt Tiefkühlen hervorragend: in kochendem Wasser blanchieren, gründlich abtropfen lassen und in einen Gefrierbeutel füllen. Bei Sauerampfer genauso verfahren, aber die Stiele vor dem Tiefkühlen entfernen.

Zubereitung
Spinat und Sauerampfer in reichlich Wasser waschen; die Blattrippen entfernen; die zarten Blätter müssen nur abtropfen. Bei Kresse reicht es, sie vor dem Essen kurz zu spülen und abtropfen zu lassen.

Garen
Am liebsten brate ich dieses Blattgemüse in der Pfanne in ein wenig Butter oder Olivenöl. Gekochter Spinat sollte nicht aufbewahrt werden, denn er entwickelt toxische Stoffe.

Angebotsformen
Verzichten Sie nicht auf tiefgefrorenen Spinat, den Sie mit Sahne, Zitronensaft und Kräutern zubereiten können.

Kleine Kniffe und Tipps
Kresse und Sauerampfer verwende ich liebend gerne als Küchenkräuter: die Blätter, um einen Salat zu verfeinern, klein geschnitten, über einen Fisch gestreut oder in einer Suppe oder einem Omelett. In große Sauerampfer- oder Spinatblätter wickle ich einen Fisch, um den ich dann noch Alufolie schlage, bevor er in den Ofen kommt.

Chicorée

Die Hüllblätter entfernen, den Strunk herausschneiden.

Um den bitteren Geschmack zu mildern, etwas Zucker oder Honig in die Sauce geben.

Feste Chicorée nehmen, mit dicht geschlossenen Blättern und insbesondere ohne Flecken.

Saison
Chicorée ist ein Wintergemüse.

Sorten
Am häufigsten wird weißer Chicorée angeboten, aber es gibt auch roten. Beide werden auf dieselbe Art verarbeitet, aber die roten sind milder im Geschmack.

Einkauf
Beim Einkaufen darauf achten, dass der Chicorée fest ist, dicht geschlossene Blätter hat und vor allem keine Flecken aufweist.

Aufbewahrung
Chicorée hält sich bis zu sechs Tage im unteren Kühlschrankfach. Aufgepasst! Er mag kein Licht. Vom Tiefkühlen rate ich dringend ab.

Zubereitung
Die Stauden müssen nicht unbedingt gewaschen werden: Man sollte nur die äußeren Blätter entfernen und den Strunk keilförmig herausschneiden, da dieser besonders bitter ist. Aufgepasst! Legt man Chicorée in Wasser, wird er bitterer.
Man kann ihn sowohl roh als auch gekocht essen, im Allgemeinen in Streifen geschnitten; für bestimmte Rezepte lasse ich ihn auch ganz.

Garen
In der Mikrowelle braucht er 5 Minuten, im Dampf 10 und in der Pfanne oder in Wasser 20 Minuten.

Chicorée schmeckt …
gedünstet in Butter mit Orangensaft, Honig, Zitrone, Ingwer … roh mit Nüssen, Pinienkernen, Rosinen, Äpfeln, Käse (Blauschimmelkäse, Ziegenkäse).

Kleine Kniffe und Tipps
Damit der Chicorée beim Kochen weiß bleibt, einen Spritzer Zitronensaft ins Kochwasser geben. Um den bitteren Geschmack abzumildern, in die Bratpfanne einen Würfel Zucker oder einen Teelöffel Honig geben.

Fenchel

Fenchel gibt es meistens als Knolle (manchmal als Miniknolle), seltener dagegen als Stiel.

Die äußeren Blätter entfernen, Stiele und Stumpf abschneiden.

Fenchelsamen und -grün aromatisieren eine Bouillon.

Saison
Fenchel ist ein Herbstgemüse, selbst wenn er das ganze Jahr über auf dem Markt erhältlich ist.

Sorten
Es gibt vor allem Fenchel als Knolle, seltener als Stiel, aber in manchen Gärten oder am Straßenrand begegnet er einem schon mal. Nicht zögern, sondern zugreifen, denn er lässt sich mühelos trocknen und ergibt eine köstliche Unterlage zum Garen von Fisch.

Einkauf
Kleine Knollen nehmen (sie haben weniger Fasern, und das bedeutet weniger Abfall), die weiß und fleckenlos sind und sich fest anfühlen, das Kraut sollte sehr grün sein.

Aufbewahrung
Am besten hält er sich im unteren Kühlschrankfach, aber nicht länger als eine Woche. Soll der Fenchel tiefgekühlt werden, muss er zuvor entsprechend zubereitet (siehe rechts) und kurz in kochendem Wasser blanchiert werden. Gut abtropfen lassen, bevor er in einen Gefrierbeutel kommt.

Zubereitung
Die Knollen abspülen, die äußeren Blätter entfernen, die Stiele und den Stumpf abschneiden, die Knolle halbieren und den Strunk keilförmig herausschneiden. Fenchel schmeckt roh und gekocht. Im ersten Fall kann er in dünne Streifen geschnitten oder geraspelt werden (schmeckt sehr gut über Nudeln). Zum Kochen wird er geviertelt.

Garen
Er braucht 10 Minuten im Dampf und 15 Minuten in kochendem Salzwasser. Ich gebe Fenchel danach oft unter den Grill, nachdem ich ihn mit Olivenöl beträufelt habe. Man kann ihn auch in Butter mit etwas Zucker langsam schmoren und etwa 20 Minuten karamellisieren lassen.

Angebotsformen
Die aromatischen Fenchelsamen schmecken sehr gut auf Nudeln, im Kochwasser von Reis, auf Fischfilets (mit einem Schuss Zitronensaft und Olivenöl) und in einigen Bouillons. Es gibt sie in allen Supermärkten.

Fenchel schmeckt mit …
Fisch und noch einmal Fisch. Aber auch zu Frischkäse, Melone, eingelegter Zitrone, Parmesan.

Auch tiefgefrorene Bohnen schmecken sehr gut.

Bohnen nebeneinanderlegen und die Enden abschneiden.

Die gelben Wachsbohnen sind sehr zart. Neben den Buschbohnen gibt es auch noch die Breiten Bohnen, die ausgezeichnet schmecken.

Saison

Frische Bohnen werden praktisch das ganze Jahr über angeboten, aber die beste Zeit für heimische Ware ist von Mai bis September.

Sorten

Angeboten werden die grünen zarteren Buschbohnen und die kräftigeren Stangenbohnen. Als Wachs- oder Butterbohnen bezeichnet man die gelben, sehr zarten Busch- oder Stangenbohnen. Besonders zart und fein sind die sogenannten Prinzessbohnen, frühreife Buschbohnen.

Einkauf

Sie sollten schön grün und fest sein. Ganz frische Bohnen sind knackig und brechen sofort, ohne zu knicken. Suchen Sie sich Bohnen von gleicher Größe aus, das vereinfacht das Kochen.

Aufbewahrung

Am besten sofort aufessen oder höchstens drei Tage im unteren Kühlschrankfach aufbewahren, aber die Enden nicht vorher abschneiden, sonst altern die Bohnen schneller. Zum Tiefkühlen die Bohnen waschen, gut trocken tupfen, von den Enden befreien (siehe unten) und ungekocht in einen Gefrierbeutel füllen.

Zubereitung

Die Bohnen waschen und die Enden abschneiden, dabei die Fäden, falls vorhanden, abziehen. Hier die Methode meiner Kusine Nath: Sie legt sie in einer Reihe nebeneinander, nimmt ein großes scharfes Messer und schneidet mit einem Schlag alle Enden ab.

Garen

Bohnen sind gar, wenn sie noch Biss haben. In kochendem Salzwasser dauert das 5–12 Minuten. Am Ende der Kochzeit die Bohnen sofort unter kaltem Wasser abschrecken, dann gut abtropfen lassen.

Angebotsformen

Tiefgefrorene Bohnen schmecken durchaus, dennoch reichen sie nicht an den Geschmack frischer Bohnen heran. Um sie schmackhafter zu machen, gebe ich sie kurz in die Pfanne und lasse sie zum Beispiel leicht mit Zwiebeln „bräunen".

Bohnen schmecken mit ...

einem Stück gesalzener Butter oder mit Olivenöl beträufelt. Als Salat liebe ich die thailändische Variante mit Kokosmilch und Sojasauce oder, gemäß dem Rat von Élisa, mit Schalotte, Zitronensaft, Olivenöl und einer Prise Kreuzkümmel.

Frische Kräuter

Zu den bekannteren Kräutern zählen Dill, Basilikum, Kerbel, Schnittlauch, Koriander, Estragon, Lorbeer, Minze, Petersilie, Rosmarin, Salbei und Thymian.

Erst im letzten Augenblick fein schneiden.

In einer dicht schließenden Box zwischen Küchenpapier im unteren Kühlschrankfach aufbewahren.

Sorten

Es gibt viele, die bekannteren sind Dill, Basilikum, Kerbel, Schnittlauch, Koriander, Estragon, Lorbeer, Minze, Petersilie, Rosmarin, Salbei und Thymian.

Einkauf

Sie müssen schön grün sein und sollten auf keinen Fall schlaff oder welk aussehen.

Aufbewahrung

Dill, Kerbel, Schnittlauch, Estragon, Minze, Petersilie und Salbei bewahrt man auf die gleiche Art auf: in einer dicht schließenden Box zwischen feuchtem Küchenpapier im unteren Kühlschrankfach. Basilikum und Koriander kommen in einen Gefrierbeutel ins untere Kühlschrankfach; haben die Kräuter Wurzeln, stelle ich sie lieber in der Küche in ein Glas Wasser. Alle Kräuter können tiefgefroren werden, nachdem sie gewaschen und fein geschnitten wurden.

Zubereitung

Möchte man sie auf einen Salat oder über ein Gericht streuen, schneidet man sie erst im letzten Augenblick ganz fein, sonst verlieren sie ihr Aroma und welken. Verwenden Sie die Stiele von Koriander, Petersilie und Estragon mit, denn sie sind sehr schmackhaft (man schneidet sie zusammen mit den Blättern).

Serviervorschläge

Rohes Rindfleisch mit Dill, Zucker, Salz und Pfeffer marinieren. Hähnchensandwiches belege ich oft mit hart gekochtem Ei, Schinken, Mayonnaise und Kerbel. Schnittlauch passt dagegen besser zum Rinderbratensandwich mit Kirschtomaten und Senf. Koriander schmeckt zu allem: ganze Stiele in den Salat, in eine Bouillon mit etwas Limettensaft, auf einen mit Ingwer gegarten Rinderbraten ... Bei Estragon halte ich mich ein wenig zurück, denn er hat einen wirklich starken Geschmack. Auch vermeide ich es, Lorbeerblätter zu großzügig zu verwenden: Für ein Ragout reicht bereits ein Blatt. Dagegen überrasche ich gerne mit Minze: So streue ich zum Beispiel im letzten Augenblick fein geschnittene Minze über ein Lammkarree. Und hier noch etwas ganz Einfaches: einen kleinen Ziegenfrischkäse mit Olivenöl beträufeln und ein wenig Pfeffer aus der Mühle sowie viel Salbei darübergeben. Der Duft von gegrilltem Thymian ist eine wahre Freude. Er aromatisiert Lammkoteletts oder ein gegrilltes Rindersteak. Mit den anderen Küchenkräutern würze ich mein Olivenöl.

Weiße Rüben

Als Erstes Blätter und Wurzeln entfernen.

Ganz, geviertelt oder gewürfelt kochen.

Herbstrüben mit Blättern, runde Rüben und Mairüben, die feinsten, die manchmal auch roh und mit der Schale verspeist werden.

Saison
Die weiße Rübe ist eher ein Wintergemüse, aber zu Beginn des Frühlings sind die ersten Mairüben ein wahrer Leckerbissen.

Sorten
Es gibt die weiße Herbstrübe (oft mit Blättern), die runde weiße Rübe (mit einem feineren Geschmack) und die Mairübe (die feinste, wird manchmal auch roh und mit der Schale verspeist).

Einkauf
Die Schale muss glatt, glänzend und fleckenlos, die Blätter sollten frisch und schön grün sein. Die kleinsten Rüben schmecken am besten, vorausgesetzt, sie sind nicht zu leicht (sonst sind sie hohl und nicht besonders schmackhaft).

Aufbewahrung
An einem dunklen und kühlen Ort oder im unteren Kühlschrankfach (bis zu drei Wochen). Mairüben sind empfindlicher: Sie halten sich gerade einmal eine Woche.

Zubereitung
Wenn man sie schält, muss man sie nicht waschen; Blätter und Wurzeln entfernen und mit dem Sparschäler schälen. Lässt man die Schale dran, gründlich waschen. Um sie roh zu essen, kann man sie raspeln oder in sehr feine Scheiben (mit einem Gemüsehobel geht es leicht) schneiden. Zum Kochen können sie ganz gelassen, geviertelt oder in kleine Würfel geschnitten werden.

Garen
Kleine weiße Rüben werden in der Pfanne, im Dampf (10–15 Minuten) oder in Wasser (8–10 Minuten) gegart. Große weiße Rüben lassen sich füllen: Nach dem Kochen in Wasser (20 Minuten) höhle ich sie zum Teil aus und fülle sie mit Pilzen, Estragon, Kerbel, Petersilie, Knoblauch und Crème fraîche und backe sie 20 Minuten bei 150 °C im Ofen.

Weiße Rüben schmecken mit …
Zucker, Honig oder Ahornsirup, wenn sie gekocht wurden; mit einer Prise Muskatnuss im Püree; Sojasoße und Reisessig roh in einem Salat.

Kleine Kniffe und Tipps
Beim Kochen geben weiße Rüben oft einen strengen Geruch ab. Wie bei Kohl eine Scheibe Brot ins Kochwasser geben.

Lauch

Junger Lauch ist milder und zarter.

Die Wurzeln unten am weißen Rand abschneiden.

In Stücken, in Scheiben oder am Stück ...

Saison
Es gibt das ganze Jahr über Lauch, aber im Mai kann man jungen Lauch genießen. Und man muss sich beeilen, denn Ende Juli gibt es ihn schon nicht mehr.

Sorten
Junger Lauch ist milder und zarter.

Einkauf
Die Lauchstange sollte gerade, fest und fleckenlos sein und schöne grüne Blätter haben, die weder trocken noch vergilbt sind.

Aufbewahrung
Ohne ihn vorher zu säubern, im unteren Kühlschrankfach oder an einem kühlen und luftigen Ort lagern. Dort hält er sich eine Woche. Nach dem Kochen kann man ihn im Kühlschrank in einem geschlossenen Behälter zwei Tage aufbewahren. Zum Tiefkühlen wird er gut gesäubert und ein paar Minuten blanchiert. Ist er abgetropft und kalt, kommt er in einen Gefrierbeutel.

Zubereitung
Die Lauchstangen gründlich waschen, denn sie sind voll Sand und Erde. Dafür die Wurzeln unten am weißen Rand und mindestens die Hälfte des Grüns abschneiden. Den äußeren Blattmantel entfernen und die Stangen mit einem scharfen Messer nicht ganz bis zum weißen Ende halbieren. Die Blätter öffnen und unter fließendem kaltem Wasser Sand und Erde herausspulen. Den Lauch anschließend in Stücke oder Scheiben schneiden oder die Stangen ganz lassen.

Garen
Lauch kann auf alle Arten gegart werden: im Dampf, geschmort, gedünstet, pochiert, gegrillt oder gekocht. Im Dampf oder in kochendem Salzwasser (ohne Deckel) dauert es 10 Minuten. In der Pfanne benötigt er mehr Zeit (ungefähr 30 Minuten); gegrillt ist er ein Leckerbissen. Aufgepasst! Gegarter Lauch sollte auf der Zunge zergehen und darf nicht knackig sein!

Lauch schmeckt mit ...
Eiern, Käse, geräucherter Entenbrust, vermischt mit Sahne zu einem Hähnchen im Schmortopf.

Kleine Kniffe und Tipps
Die abgeschnittenen grünen Blätter zum Aromatisieren einer Bouillon oder als Bestandteil eines Bouquets garni verwenden.

Paprikaschoten

Im Ofen grillen und in einen Gefrierbeutel geben.

Abkühlen lassen, dann die Haut entfernen.

Die Samen entfernen, indem das Messer über das Fruchtfleisch gestrichen wird.

Es gibt grüne (ziemlich bitter), rote (süß und aromatisch) sowie gelbe und orangefarbene Paprikaschoten (mild-süßlich).

Saison
Die beste Jahreszeit für Paprika ist von Juni bis September.

Sorten
Es gibt Paprika für jeden Geschmack: grüne (ziemlich bitter), rote (süß und aromatisch), gelbe und orangefarbene Paprika (mild-süßlich). Zur selben Familie gehören auch die kleineren, spitzen roten Paprikaschoten, vor allem verwendet zum Füllen, und die scharfen Chilischoten.

Einkauf
Feste, glänzende Paprikaschoten mit straffer Schale nehmen. Der Stiel darf nicht trocken sein.

Aufbewahrung
Eine Paprikaschote hält sich eine Woche im unteren Kühlschrankfach. Gegrillt, geschält und in Olivenöl eingelegt hält sie sich mehrere Monate. Paprikaschoten muss man vor dem Tiefkühlen nicht blanchieren, aber der Stiel, die weißen Scheidewände und alle Samen müssen zuvor entfernt werden.

Zubereitung
Isst man die Haut mit, reicht es, die Schote zu waschen. Dann drückt man den Stiel nach innen: Er löst sich mitsamt den Samen. Die Paprika anschließend halbieren und die weißen Scheidewände mit einem Messer herausschneiden. Dann die Hälften nochmals kurz abspülen, um die restlichen Samen zu entfernen, und je nach Rezept in Streifen, Stücke, Würfel ... schneiden. Um die Haut zu entfernen, die Paprikaschoten unter dem Backofengrill rösten. Dabei wiederholt wenden, damit sie rundherum schwarz werden (das dauert mindestens 15 Minuten). Aus dem Ofen nehmen und in einem Gefrierbeutel abkühlen lassen. Von den abgekühlten Schoten die Haut abziehen: Sie geht fast von allein ab.

Garen
Man kann Paprikaschoten in der Pfanne mit ein wenig Olivenöl, kleinen Zwiebeln und pürierten Tomaten schmoren; das dauert ungefähr 20 Minuten. Man kann sie auch mit Rinderhack, Zwiebeln, Knoblauch und Minze füllen und danach in Tomatensauce in einer Auflaufform garen (45 Minuten im Ofen bei 150 °C).

Paprikaschoten schmecken mit ...
Knoblauch, einer Prise Kreuzkümmel, Koriandergrün zum Würzen der gegrillten Paprikaschoten.

Grüne Erbsen, Dicke Bohnen und Zuckerschoten

Saison
Alle drei sind hauptsächlich Frühlingsgemüse, selbst wenn man sie praktisch das ganze Jahr über auf allen Märkten findet.

Sorten
Es gibt nur je eine Art von grünen Erbsen und Zuckerschoten, aber die Bohnen werden in zwei Reifestadien angeboten: als reife Dicke Bohne und als junge zarte Bohne, bei der der weiße Keimfleck noch sichtbar ist.

Einkauf
Grüne Erbsen und Dicke Bohnen sollten stets fleckenlose, glatte, grüne und glänzende Schoten haben. Sind die Bohnenschoten nur ein bisschen dick, sind die Bohnen noch jung und zart; bei den grünen Erbsen ist es genau umgekehrt, denn am besten nimmt man die mit den dickeren Schoten. Bei Zuckerschoten sollten die Schoten schön flach und zartgrün sein.

Aufbewahrung
Grüne Erbsen und Dicke Bohnen sollten nicht länger als zwei Tage im unteren Kühlschrankfach aufbewahrt werden; einmal enthülst, werden sie am besten sofort gegessen. Zuckerschoten halten sich dagegen vier Tage an einem kühlen Ort. Sollen grüne Erbsen und Dicke Bohnen tiefgefroren werden (was sie sehr gut vertragen), müssen sie zuvor enthülst und blanchiert werden. Zuckerschoten können dagegen ohne vorheriges Kochen tiefgekühlt werden.

Zubereitung
Grüne Erbsen und Dicke Bohnen werden auf dieselbe Art enthülst: auf die Naht der Schote drücken, um diese zu öffnen, und die Erbsen oder Bohnen herauslösen. Die Erbsen können sofort gekocht werden, während bei den Dicken Bohnen vorher noch die Haut zu entfernen ist: 1 Minute in kochendes Wasser geben, dann unter kaltem Wasser abschrecken; ritzt man die Haut dann an und drückt die Bohnen danach leicht zwischen Zeigefinger und Daumen, gleiten sie aus der Haut heraus. Zuckerschoten erfordern dagegen, wenn sie ganz frisch sind, keinerlei Vorbereitungen, außer dass man sie gründlich waschen sollte. Sind sie ein wenig älter, müssen wie bei den grünen Bohnen die Enden abgeschnitten und die Fäden abgezogen werden.

Garen
Dicke Bohnen müssen, wurden sie von ihrer Haut befreit, nicht gekocht werden: Man muss sie nur noch würzen oder ganz behutsam aufwärmen. Die jungen zarten Bohnen können, nur mit Salz bestreut, sogar roh gegessen werden. Sonst kann man sie auch (sehr kurz) kochen und danach sofort unter kaltem Wasser abschrecken, um den Garprozess zu beenden. Grüne Erbsen müssen länger garen: im Dampf 10–15 Minuten, in kochendem Salzwasser etwas länger, allerdings gehört unbedingt ein Blatt grüner Salat hinein sowie ein Stück Zucker. Sehr junge und sehr zarte Zuckerschoten werden manchmal roh als Salat gegessen. Ich bevorzuge sie dagegen im Dampf gegart, zu einem Fischfilet oder abgekühlt als Salat zubereitet. In jedem Fall koche ich sie.

Angebotsformen
Tiefgefrorene Dicke Bohnen schmecken sehr gut, außerdem wurde ihre Haut bereits entfernt! Grüne Erbsen aus dem Tiefkühlfach reichen nicht an die frischen heran, aber in Zeitnot sind sie äußerst praktisch. Vergessen Sie nicht das Blatt grünen Salat und das Stück Zucker …

Serviervorschläge
Zu Dicken Bohnen gebe ich gerne Salziges wie Chorizo, Speck oder geräucherten Fisch. Grüne Erbsen esse ich am liebsten mit Minze oder frischem Thymian, selbst wenn ich die unverwüstlichen Erbsen und Möhren mag. Zuckerschoten eignen sich hervorragend für einen Salat mit Meeresfrüchten.

Kleine Kniffe und Tipps
Damit die grünen Erbsen beim Kochen schön grün bleiben, sollten sie auf keinen Fall zugedeckt werden.

Grüne Erbsen und Dicke Bohnen werden auf dieselbe Art enthülst: auf die Naht der Schote drücken, damit sich diese öffnet, und die Erbsen bzw. Bohnen herauslösen.

Die enthülsten Erbsen, bereit für den Kochtopf.

Bei den Dicken Bohnen muss die helle Haut entfernt werden.

1 Minute in kochendes Wasser geben, dann unter kaltem Wasser abschrecken; danach gleiten sie leicht aus der Haut heraus.

Kartoffeln …

Saison
Kartoffeln gibt es das ganze Jahr über, aber neue Kartoffeln nur von April bis Ende Juli.

Sorten
Auf den Märkten werden mehr als 100 Kartoffelsorten angeboten. Zu den bekannten Sorten zählen die festkochende Nicola mit ihrem feinen Geschmack und die Bintje sowie – für die Feinschmecker – die La Ratte mit ihrem köstlichen Haselnussaroma. Auch die violettblauen Trüffelkartoffeln sowie die neuen Kartoffeln mit der dünnen Schale sind eine Gaumenfreude.

Einkauf
Feste Kartoffeln von einheitlicher Farbe, ohne Flecken oder Keime wählen. Damit sie gleichmäßig garen, sollten alle ähnlich groß sein. Für das Backen im Ofen oder für Pommes frites eignen sich festkochende Sorten wie die Nicola, für Püree mehligkochende; für einen Salat oder zum Garen im Dampf eignen sich festkochende Sorten wie La Ratte hervorragend.

Aufbewahrung
An einem kühlen, dunklen und luftigen Ort halten sich Kartoffeln mehrere Monate. Neue Kartoffeln bleiben dagegen im unteren Kühlschrankfach kaum länger als eine Woche frisch.

Zubereitung
Sie werden vor oder nach dem Garen geschält und immer in reichlich Wasser gewaschen. Rohe geschälte Kartoffeln werden nicht schwarz, wenn man sie bis zum Kochen in kaltes Wasser legt. Kleine Sorten wie La Ratte oder Trüffelkartoffeln schäle ich nie und noch weniger die neuen Kartoffeln.

Garen
Zum Kochen in Wasser stets mit kaltem Wasser aufsetzen. Mit der Messerspitze prüfen, ob sie gar sind. Kartoffeln für Pommes frites oder Bratkartoffeln sollten immer gut gewaschen werden, um die Stärke herauszuspülen und zu verhindern, dass sie beim Braten zusammenkleben. Für ganz schnelles Garen: die Kartoffeln in Mikrowellenfolie wickeln und 3–5 Minuten in der Mikrowelle auf der höchsten Stufe garen …

Kleine Kniffe und Tipps
Ihr Gericht ist versalzen? Halbieren Sie eine Kartoffel, kochen Sie sie mit und nehmen Sie sie im letzten Augenblick wieder heraus. Sie hat das Salz absorbiert.

… und Süßkartoffeln

Saison
Es gibt sie praktisch das ganze Jahr über, aber nicht unbedingt überall!

Sorten
Man bekommt sie mit weißer oder orangefarbener Schale (die bessere).

Einkauf
Fest, orangefarben und fleckenlos sollten sie sein.

Aufbewahrung
Man kann sie an einem kühlen, dunklen und luftigen Ort bis zu zehn Tage aufbewahren. Sie mag keinen Kühlschrank, außer wenn sie schon gekocht ist; in diesem Fall hält sie sich bis zu einer Woche.

Zubereitung
Sie wird wie eine Kartoffel zubereitet, aber sie enthält deutlich mehr Zucker. Sie sollte gut gewaschen werden, aber man muss sie nicht schälen. Danach schneidet man sie in Stäbchen, Scheiben oder in Stücke (nicht zu kleine) und brät sie.

Garen
Für Suppen oder für Püree kann sie in Wasser gekocht werden (ungefähr 20 Minuten), man kann sie klein geschnitten in der Pfanne braten (10 Minuten), wie Pommes frites frittieren oder süße Tartes damit belegen (mag ich weniger). Mit der Messerspitze prüfen, ob sie gar sind.

Süßkartoffeln schmecken mit …
Kokosmilch, Ingwer, Honig, Ahornsirup …

In Scheiben für einen Auflauf, in Würfeln als Bratkartoffeln.

Vor dem Garen die Kartoffelstäbchen waschen, dann gut trocknen.

Die Kartoffelvielfalt ist grenzenlos. Es gibt rotschalige Sorten, große fest- oder mehligkochende und auch kleine Sorten wie die delikate La Ratte mit dem köstlichen Haselnussgeschmack.

Zwei Sorten Süßkartoffeln: Die mit orangefarbener Schale haben den besseren Geschmack.

Man sollte Süßkartoffeln gut waschen, muss sie aber nicht schälen. Danach kann man sie in Stäbchen, Scheiben oder Stücke schneiden.

Radieschen und Rettiche

Die kleinen runden rosa Radieschen, das längliche rosa-weiße Radieschen, beide süß, leicht scharf und knackig, und der schärfere schwarze Rettich.

Radieschen 15 Minuten in Eiswasser legen.

Probieren Sie Daikon-Rettich mal mit japanischem Essig.

Saison

Radieschen werden das ganze Jahr über angebaut, aber Freilandware, die es im Frühling und Sommer gibt, schmeckt am besten. Daikon-Rettich ist ein Sommergemüse und schwarzer Rettich ein Herbst- und Wintergemüse.

Sorten

Ich bevorzuge diese drei Arten: die kleinen runden oder länglichen rosa und weißen Radieschen, die süß, leicht scharf und knackig sind; den weißen Daikon-Rettich, der häufig in der japanischen Küche verwendet wird, und den schwarzen Rettich, der herzhafter schmeckt.

Einkauf

Sowohl bei kleinen als auch bei dicken Radieschen und Rettichen immer die sehr festen, glatten, fleckenlosen nehmen.
Die Blätter der Radieschen müssen grün und sehr frisch sein.

Aufbewahrung

Radieschen halten sich nicht lange, sie sind schnell nicht mehr knackig. Höchstens drei Tage im unteren Kühlschrankfach aufbewahren, nachdem die Blätter (nicht zu kurz) abgeschnitten wurden. Rettich hält sich mindestens eine Woche im unteren Kühlschrankfach.

Zubereitung

Radieschen waschen und abtropfen lassen, danach die Wurzeln und Blätter abschneiden, aber ein paar Stängel zum Anfassen stehen lassen. Rettiche werden mit einem Schälmesser oder Sparschäler geschält und danach in Scheiben geschnitten. Nur die benötigte Menge schälen: Der Rest hält sich ungeschält besser. Rettich, sobald er angeschnitten wurde, in Alufolie schlagen.

Radieschen und Rettiche schmecken mit …

Brot, Butter und Fleur de Sel.

Kleine Kniffe und Tipps

Aus den Blättern des Radieschens kann man eine köstliche Suppe zubereiten.
Damit die Radieschen noch knackiger werden, kann man sie 15 Minuten vor dem Servieren in Eiswasser legen.

Strunk abschneiden und die Blätter voneinander lösen.

In klares Wasser mit etwas Essig geben, um Insekten abzutöten.

Zwei sehr verschiedene Sorten: Batavia und Salatherzen.

Saison
Es gibt ihn das ganze Jahr über, aber Kopfsalat ist von Mai bis Oktober am besten, während Frisée und Feldsalat Wintersalate sind.

Sorten
Hier eine kurze Liste der bekanntesten Sorten: Kopfsalat, Salatherzen (sie sind sehr knackig), Eisbergsalat (hält sich lange), Rucola (meine Lieblingssorte, vor allem als Wildpflanze), Feldsalat (sehr klassisch) und natürlich auch Batavia, Eichblatt, Eissalat und Frisée ... Alles eine Frage des Geschmacks.

Einkauf
Schön feste Salatköpfe kaufen, die innen noch feucht sind. Von Salat mit trockenem Strunk die Finger lassen.

Aufbewahrung
Ein ganzer Salat hält sich zwei Tage im unteren Kühlschrankfach. Wird er gleich nach dem Kauf gewaschen, die Blätter in eine nicht besonders fest verschlossene Plastiktüte geben. Eine weitere Möglichkeit: in der geschlossenen Salatschleuder mit ein klein wenig Wasser am Boden aufbewahren. Er bleibt zwei Tage lang knackig; danach wird er leicht bitter.

Zubereitung
Den Strunk abschneiden und die Blätter voneinander lösen, danach in reichlich Wasser mit etwas Essig geben, um Insekten abzutöten. Kurz waschen und gut abtropfen lassen. Achtung bei Feldsalat: Wird er lose mit den Wurzeln gekauft, rate ich, zuerst die Wurzeln abzuschneiden und ihn dann gründlich zu waschen – sonst knirscht es zwischen den Zähnen, und zwar recht unangenehm!

Angebotsformen
Nicht zögern, zu Fertigsalaten im Beutel zu greifen, aber auf beschädigte Blätter achten, die im Nu den ganzen Salat verderben!

Salat schmeckt mit ...
allen Arten von Vinaigrettesaucen. Dazugeben kann man ein wenig pürierte Tomaten oder Sardellenfilets, ein zerdrücktes hart gekochtes Ei, eine zerstoßene Knoblauchzehe, geriebenen Parmesan, gegrillte Pinienkerne, Blauschimmelkäse – mit etwas Essig vermischt –, geriebenen Ingwer. Aber ich bestehe auf einen Schuss Olivenöl (das Öl muss hervorragend sein), Fleur de Sel und Pfeffer aus der Mühle. Nur keine Umstände!

Tomaten

Saison
Es gibt sie das ganze Jahr über, am besten schmecken sie allerdings von Mai bis Oktober.

Sorten
Tomaten gibt es in allen Farben: rot, gelb, grün und sogar beinahe schwarz ... Unmöglich, die Sorten aufzuzählen, deshalb teile ich sie nach ihrer Form ein: Kirschtomaten (nur mit Salz gewürzt ein Genuss), Cocktailtomaten (die haben auch dann noch Aroma, wenn andere Tomaten keinen Geschmack haben), Strauch- oder Rispentomaten (mehr oder weniger große, manchmal erlebt man da eine angenehme Überraschung), runde Tomaten (besonders gut aufpassen beim Kauf, denn oft enttäuschen sie), gerippte Fleischtomaten wie die Sorten Marmande oder Ochsenherz (gibt's im Hochsommer und schmecken köstlich mit Mozzarella oder mit Olivenöl beträufelt) und Eiertomaten wie die Roma (ideal für Tartes oder eine Pizza, denn sie sind nicht sehr saftig) ...

Einkauf
Ich finde es schwierig, wirklich gute Tomaten zu finden, deshalb kaufe ich immer nur ein paar auf einmal ... Im Winter nehme ich oft die Cocktailtomate, denn sie ist schmackhafter als die anderen ... Im Sommer greife ich gern zu Ochsenherztomaten und suche ausdrücklich die mit den unglaublichsten Formen und solche, die schon von Vögeln probiert wurden (wie bei den Kirschen sind manchmal Spuren von Schnabelhieben zu sehen). Immer feste Tomaten mit einer glatten Schale und einheitlichen Farbe nehmen. Sie müssen einen spürbaren Blattgeruch verströmen. (Bei Strauch- oder Rispentomaten aufpassen, die wegen der Stängel zwar duften, oft aber nicht besonders schmackhaft sind.)

Aufbewahrung
Tomaten werden in einem Korb bei Raumtemperatur aufbewahrt. (Dabei verlieren sie nicht an Geschmack und sie können, wenn nötig, noch nachreifen.) Sind sie reif und sollen sie mehrere Tage aufbewahrt werden, kommen sie am besten ins untere Kühlschrankfach. Sie werden tiefgefroren für die Zubereitung von Saucen, Suppen, Püree ...

Zubereitung
Es ist Geschmackssache, ob man eine Tomate häutet, aber man sollte bedenken, dass sich die Vitamine in der Haut befinden. Vor dem Häuten die Tomaten ein paar Sekunden (nicht länger, sonst werden sie weich) in kochendes Wasser geben und gleich danach in eiskaltem Wasser abschrecken. Danach löst sich die Haut von selbst oder beinahe von alleine ... Sollen die Samen entfernt werden, die Tomaten vierteln und die Samen mit einem Teelöffel herausholen (mit einem Pampelmusenlöffel geht es am leichtesten). Vor dem Waschen nie den Stiel von einer Tomate entfernen, sonst saugt sie sich mit Wasser voll. Um Tomaten in glatte, regelmäßige Scheiben zu schneiden, ein Sägemesser nehmen.

Angebotsformen
Ich lege immer eine Tüte getrocknete Tomaten in meinen Einkaufswagen: Zu Hause gebe ich sie mit ein paar Tropfen Olivenöl in den Mixer, danach in ein Glas und stelle sie in den Kühlschrank; damit würze ich Nudeln, meine Salatsauce usw. Ich kaufe auch immer (in Öl) eingelegte Tomaten, die ich praktisch überall dazugebe: auf ein Sandwich, in Reis, über Nudeln, in einen Salat ... Man sollte auch stets geschälte Tomaten in der Dose (für Ratatouille, für eine schnelle Sauce) und Tomatenmark (für Nudeln) mitnehmen. Mit Tomatenmark intensiviere ich auch den Geschmack von frischen Tomaten: Ich halbiere sie, gebe einen Teelöffel Tomatenmark, eine Prise Kreuzkümmel und ein wenig Olivenöl darauf und gare sie 1 Stunde bei sehr schwacher Hitze im Ofen, sodass sie langsam schmoren.

Kleine Kniffe und Tipps
Tomaten reifen schneller, wenn man sie in einer geschlossenen Papiertüte bei Raumtemperatur aufbewahrt.

Ein Leckerbissen
Meine kleine Sünde gleich morgens, wenn es draußen sonnig und warm ist: eine Scheibe getoastetes Brot mit einer Knoblauchzehe einreiben, ein Stück überreife Tomate darauf zerdrücken und das Ganze mit ein wenig Olivenöl beträufeln und mit Fleur de Sel und einer Umdrehung Pfeffer aus der Mühle würzen: Damit verwöhne ich mich.

Es gibt Tomaten in allen Farben: rot, gelb, grün und sogar beinahe schwarz ...

Um das Häuten zu erleichtern, die Tomate ein paar Sekunden in kochendes, danach in eiskaltes Wasser geben.

Die Tomaten vierteln und die Samen mit einem Teelöffel entfernen.

Man sollte immer Tomaten in der Dose für Ratatouille oder eine Sauce und Tomatenmark sowie pürierte Tomaten für Nudeln vorrätig haben.

Rezeptverzeichnis

Rezeptverzeichnis
[nach Gemüsesorte]

Inhalt

Bezugsquellen für:

STOFFE UND PAPIER

Agapè: Tischdecke S. 29, Tischdecke S. 53, Tischdecke S. 78, Tischdecke S. 79, Serviette S. 118, Tischdecke S. 135, Tischdecke S. 137
CFOC: Set S. 47, Set S. 55 o. li., Set S. 55 u. re., Set S. 83, Set S. 109
Ekobo Home: Papier S. 11, Papier S. 15, Papier S. 17, Papier S. 138
Iskandar: Tischdecke S. 23, Tischdecke S. 39, Stoffe S. 42
Jeannine Cros: Tuch S. 75
Kimonoya: kleines Holzbrett S. 16
Kim & Garo: Tischdecke S. 36, Tischdecke S. 37, Tischdecke S. 58, Tischdecke S. 59
La Forge Subtile: Set S. 54, Set S. 123
Muji: Set S. 23
The Conran Shop: Serviette S. 41, Serviette S. 57, Serviette S. 61, Serviette S. 81, Serviette S. 103, Serviette S. 133, Glasuntersetzer S. 129, Serviette S. 137.

MÖBEL

Agapè: Tisch S. 8 und 9, Tisch S. 61, Tisch und Hocker S. 73, Tisch S. 81, Tisch und Hocker S. 83, Tisch S. 103, Tisch und Stuhl S. 107, Geschirrschrank und Tisch S. 117, Tisch S. 123, Tisch S. 137
Muji: Tisch S. 21, Tisch S. 35, Tisch S. 45, Bank S. 47, Tisch S. 51, Tablett S. 53, Bank S. 91, Tisch S. 115, Tablett S. 121, Tablett S. 125, Bank S. 166–167.

GESCHIRR

Agapè: Becher S. 10, Glas S. 10 u. li., Glas S. 11 o. li., Gläser S. 8 und 9, Kasserollen S. 14 und 15, Gläser S. 19, Untertasse S. 43, Gemüseschüsseln S. 92, Geschirrschrank, Tisch und Salatschüssel S. 99, Glas S. 115, kleine Schale S. 135
Atelier Claire de la Vallée: Schalen S. 21, Schale S. 27, Teller S. 36, Schüssel S. 48, Schüssel S. 77, Schale S. 107, Teller S. 109, Teller und Schale S. 118, Schalen S. 119, Schale und Holzbrett S. 145
Japanisches Kulturzentrum: Schalen S. 45, Schüssel S. 51
CFOC: Becher S. 10 u. re., Schalen S. 24, Schalen S. 29, Teller S. 31, Holzbrett S. 41, Teller S. 47, Teller S. 53, Platte S. 64 o. li., Platte S. 74, Teller S. 83, Holzbrett S. 84 o. li. und u. re., Holzbrett S. 99, Schalen S. 106, Schale S. 114, Schale S. 115, Pfanne S. 129, Holzbrett S. 135
Ekobo Home: Schale S. 16 o. li.
Iskandar: Glas S. 10 o. li., Glas S. 121, Schale S. 125
Kimonoya: Sakeglas S. 16 o. li., Schale und Sakegläser S. 25
Kim & Garo: Glas S. 39, Teller S. 61, Teller S. 98, Glas S. 109
La Ballade: Schale S. 59
La Forge Subtile: Schale S. 20, Schale S. 23, Schälchen und Schale S. 29, Teller und Schälchen S. 37, Schale S. 41, Teller S. 91, Teller S. 95, Teller S. 103, Schale S. 123
Le Bon Marché: Glas S. 10 o. re., Teller S. 42, Glas S. 61, Auflaufformen S. 73, Teller S. 81, Teller S. 89, Holzschälchen S. 106, Glas S. 117
Muji: Teller S. 35, Platte S. 58, tiefer Teller S. 147
Papier +: Schale S. 55, Schale S. 105
Sentou: Tsé & Tsé-Teller S. 43
The Conran Shop: Schale S. 16, Tablett S. 19, Holztablett S. 39, flache Platte S. 65 o. li., Schale S. 103, Teller S. 121, Salzschälchen S. 133, Schale S. 144, Schälchen S. 146 u. re.
Véronique Villaret: Schale S. 17 u. re., Teller S. 54 u. re.

BESTECK

Agapè: Gabel S. 61, Schöpflöffel S. 75, Löffel S. 98
Atelier Claire de la Vallée: Salatbesteck S. 58
Japanisches Kulturzentrum: Stäbchen S. 47
CFOC: Löffel S. 21, Hölzer S. 115, Löffel S. 119, Löffel S. 144
Cornershop: Löffel S. 41, Gabel S. 83, Besteck S. 95
Iskandar: Löffel S. 45, Holzlöffel S. 106
Kimonoya: Löffel S. 16, Löffel S. 111
Le Bon Marché: Löffel S. 39, Gabel S. 42, Besteck S. 57, Besteck S. 89, Besteck S. 123
Muji: Besteck S. 35, Löffel S. 55, Gabel S. 91, Löffel S. 109, Gabel S. 114, Gabel S. 121
The Conran Shop: Löffel S. 31, Löffel S. 69, Gabel S. 105.

Anmerkungen zum Dampfgaren

Gemüse lässt sich auf verschiedene Arten dämpfen. Am üblichsten ist die klassische Methode, bei der das Gemüse in einem Dämpfeinsatz in einem Topf mit kochendem Wasser im Dampf schonend gegart wird. Die in diesem Buch angegebenen Zeiten für das Dämpfen von Gemüse beziehen sich auf diese Methode. Je nachdem, wie stark das Gemüse zerkleinert wurde, können die tatsächlich benötigten Garzeiten von diesen Angaben etwas abweichen.

Zudem sind spezielle Geräte zum Dämpfen auf dem Markt, bei denen die Garzeiten allerdings variieren. Sollten Sie ein solches Gerät besitzen, halten Sie sich bei den Garzeiten bitte an die Empfehlungen der Hersteller.

DANK

An Manou für alles, was sie an mich weitergegeben hat.
An das großartige Team von Marabout für diese Arbeit, die einen langen Atem erforderte.
An meine Kinder für ihre hübschen kleinen Gesichter.
An alle, die mir ihre Geheimnisse verrieten: Nourithe, Thalie, Audette, Katherine, Dada, Tan, Céline, Marina, Soso, Tiou, Clèm, Isham und Marie.
An alle Geschäfte für ihre Leihgaben.
Und an Charlotte: „Es hat lange gedauert, aber wir haben gut gegessen!"

Aus dem Französischen übersetzt von Miriam Magall
Redaktion: Anja Ashauer-Schupp
Korrektur: Dr. Michael Schenkel
Umschlaggestaltung: Caroline Daphne Georgiadis, Daphne Design
Satz: Studio Fink, Krailling

Die Originalausgabe mit dem Titel **Les Petits Légumes** wurde erstmals 2007 im Verlag Marabout (Hachette Livre), Paris, veröffentlicht.

Fotos: Charlotte Lascève
Layout und Design: Anne Bullat – Voiture 14

Druck und Bindung: South China Printing
Printed in China

ISBN 978-3-88472-906-9

HINWEIS

Alle Informationen und Hinweise, die in diesem Buch enthalten sind, wurden von der Autorin nach bestem Wissen erarbeitet und von ihr und dem Verlag mit größtmöglicher Sorgfalt überprüft. Unter Berücksichtigung des Produkthaftungsrechts müssen wir allerdings darauf hinweisen, dass inhaltliche Fehler und Auslassungen nicht völlig auszuschließen sind. Für etwaige fehlerhafte Angaben können Autorin, Verlag und Verlagsmitarbeiter keinerlei Verpflichtung und Haftung übernehmen. Korrekturhinweise sind jederzeit willkommen und werden gerne berücksichtigt.